자유론

자유에 관한 인류 최고의 보고서

청소년 철학창고 27

자유론 자유에 관한 인류 최고의 보고서

초판 1쇄 발행 2005년 7월 20일 | 초판 6쇄 발행 2021년 8월 30일

풀어쓴이 이진희
펴낸이 홍석 | 이사 홍성우 | 기획 채희석
인문편집팀장 박월 | 편집 박주혜 | 표지 디자인 황종환 | 본문 디자인 서은경
마케팅 이송희·이가은·한유리 | 관리 최우리·김정선·정원경·홍보람·조영행
펴낸곳 도서출판 풀빛 | 등록 1979년 3월 6일 제2021-000055호
주소 07547 서울시 강서구 양천로 583 우림블루나인 A동 21층 2110호
전화 02-363-5995(영업), 02-364-0844(편집) | 팩스 070-4275-0445
홈페이지 www.pulbit.co.kr | 전자우편 inmun@pulbit.co.kr

ISBN 978-89-7474-561-5 44160
ISBN 978-89-7474-526-4 44080 (세트)

이 도서의 국립중앙도서관 출판예정도서목록(CIP)은 서지정보유통지원시스템 홈페이지(http://seoji.nl.go.kr)와
국가자료공동목록시스템(http://www.nl.go.kr/kolisnet)에서 이용하실 수 있습니다. (CIP제어번호: CIP2011001558)

자유론

자유에 관한 인류 최고의 보고서

존 스튜어트 밀 지음 | 이진희 풀어씀

'청소년 철학창고'를 펴내며

    우리 청소년이 읽을 만한 좋은 책은 없을까? 많은 분들이 이런 고민을 하셨을 겁니다. 그러면서 흔히들 고전을 읽어야 한다고 합니다. 하지만 서점에 가서 책을 골라 보신 분들은 느꼈을 겁니다. '청소년의 지적 수준에 맞춰서 읽힐 만한 고전이 이렇게도 없는가.'라고.

    고전 선택의 또 다른 어려움은 고전의 범위가 매우 넓다는 것입니다. 청소년 시기에는 시간과 능력의 한계 때문에 그 많은 고전들을 모두 읽을 수 없습니다. 그렇다면 어떤 책을 읽어야 할까요?

    이런 여러 현실적인 어려움을 고려해 기획한 것이 풀빛 '청소년 철학창고'입니다. '청소년 철학창고'는 고전의 핵심이라 할 수 있는 '철학'에 더 많은 무게를 실었습니다. 그 이유는 무엇일까요?

    사람들은 일반적으로 철학을 현실과 동떨어진 공리공담이나 펼치는 학문이라고 생각합니다. 하지만 철학적 사고의 핵심은 사물과 현상을 다양하게 분석하고 종합해서 그 원칙이나 원리를 찾아내는 것입니다. 그래서 철학은 인간과 세상에 대해 깊이 있게 생각하고, 논리적으로 종합하는 능력을 키워 줍니다. 그런 만큼 세상과 인간에 대해 눈떠 가는 청소년 시기에 정말로 필요한 공부입니다.

하지만 모든 고전이 그렇듯이 철학 고전 또한 읽기가 쉽지 않습니다. 그래서 '청소년 철학창고'는 청소년의 눈높이에 맞추기 위해 선정에서부터 원문 구성에 이르기까지 많은 노력을 기울였습니다.

첫째, 책을 선정하는 과정에서부터 엄격함을 유지했습니다. 동양·서양·한국 철학 전공자들이 많은 회의 과정을 거쳐, 각 시대마다 동서양과 한국을 대표하는 철학 고전들을 엄선했습니다. 특히 우리 선조들의 사상과 동시대 동서양의 사상들을 주체적인 입장에서 비교하고 검토할 수 있도록 했습니다.

둘째, 고전 읽기의 참다운 맛을 살리기 위해 최대한 원문을 중심으로 구성했습니다. 물론 원문 읽기의 어려움을 해결하기 위해 새롭게 번역하고 재정리했습니다. 그리고 청소년이라면 누구나 어렵지 않게 읽으면서 고전이 주는 의미와 내용을 이해할 수 있도록 설명을 덧붙였고, 전체 해설을 통해 저자의 사상과 전체 내용을 다시 한번 정리해 주었습니다.

마지막으로 쉬운 것부터 읽기 시작해 점차 사고의 폭을 넓혀 가도록 난이도에 따라 세 단계로 구분했습니다. 물론 단계와 상관없이 읽고 싶은 순서대로 읽어도 됩니다.

우리 선정위원들은 고전 읽기의 진정한 의미가 '옛것을 되살려 오늘을 새롭게 한다(溫故知新).'는 데 있다고 생각합니다. '청소년 철학창고'를 통해 자라나는 청소년들이 인간과 사물에 대한 깊은 통찰력을 키워, 밝은 미래를 열어 나갈 수 있기를 진정으로 바랍니다.

2005년 2월

선정위원   허우성(경희대 교수, 동양 철학)   윤찬원(인천대 교수, 동양 철학)
정영근(서울산업대 교수, 한국 철학)   허남진(서울대 교수, 한국 철학)
이남인(서울대 교수, 서양 철학)   한자경(이화여대 교수, 서양 철학)

들어가는 말

커밍아웃(Coming out)을 선언한 연예인, 판타지 게임에 빠져 사는 오타쿠, 특정 신앙에 심취한 종교인 등 우리들 다수와는 달리 생각하고 행동하는 사람을 우리는 튀는 사람으로 여긴다. 그러면서 그들에게, 왜 우리와 다르냐는 야릇한 시선을 보내기도 하고 때로는 불쾌한 감정을 노골적으로 드러내기도 한다. 딱히 그들이 다른 사람에게 피해를 주지 않아도 단지 소수라는 이유로 그들은 다수인 우리에 의해 '그들'이 되는 것이다. 대부분의 소심한 사람들은 '그들'로 낙인찍혀 우리 사회의 아웃사이더로 전락하는 것을 두려워한다. 그래서 억지웃음을 지으며 침묵하거나 자신의 본심과 다른 말을 하면서 '우리'라는 테두리 안으로 들어오고자 애쓴다.

우리는 흔히 자유에 대한 억압을 생각할 때, 부도덕과 불법을 자행하는 독재 권력을 떠올린다. 사실상 인류의 역사는 이런 지배자의 권력 남용에 대한 견제와 투쟁으로 이어져 왔고, 그 결과 오늘날의 자유 민주주의 체제가 성립되었기 때문이다. 그런데 오늘날 자유 민주주의 사회에서 민의를 저버리고 폭력과 억압을 앞세워 통치하는 독재 권력은 더 이상 존립하기 어렵다. 왜냐하면 그런 정권은 대다수 국민의 저항에 부딪칠 것이기 때문이다. 그렇다면 대중 민주주의가 자리 잡은 오늘날, 개인의 자유는 충분히 보장되는 것일까?

밀은 이 같은 의문에 최초로 문제를 제기한 사람이라고 해도 과언이 아니다. 그 점에서 밀은 확실히 미래를 내다보는 혜안과 선견지명이 있었다. 그는 민주 정치가 자리 잡은 사회에서 소수의 정치적 독재보다 더 문제가 되는 것은 다수의 횡포에 따른 의견의 획일화라는 점을 지적한다. 물론 다수의 생각과 사고는 많은 사람의 의사가 집약된 것인 만큼 옳을 가능성이 높다. 하지만 다수의 의견이 항상 옳을 수는 없다. 특히 그것이 인간의 보편적 이성에 근거하기보다 감정적 편견에 사로잡혔을 때 문제는 더욱 심각하다. 중세에 자행되었던 마녀사냥을 떠올리면 쉽게 이해할 수 있을 것이다.

어느 사회에나 다른 목소리는 존재한다. 특히 인종과 풍습, 문화가 저마다 다른 사람들이 살아가는 오늘날의 글로벌 시대에는 더욱더 그러하다. 그런 만큼 서로 다른 생각과 풍습, 믿음에 대한 인정은 모두에게 꼭 필요한 일이다. 바로 이 같은 이유에서 밀은 설사 잘못된 의견을 가진 단 한 명의 목소리일지라도 사회에 피해를 입히지 않는 한 그것을 보호하는 것이 바로 진정한 자유라는 점을 강조한다. 그리고 그처럼 다른 목소리야말로 그 사회를 보다 나은 사회로 발전시키는 창조의 원동력이라고까지 말한다. 이것이 바로 《자유론》이 제시한 '자유'의 의미다. 다만 여기서 문제가 되는 것은 그 목소리가 다른 사람에게 피해를 주는가 그렇지 않은가의 한계일 따름이다. 밀은 공리와 배치되더라도 다른 사람에게 피해를 입히지 않는 한 사회는 개인을 억압해서는 안 된다고 본다.

밀의 이런 주장을 보면서 우리는 과연 얼마나 관용을 베풀고 열린 마음으로, 자유로운 토론 과정을 거쳐 나와 다른 의견과 믿음을 진정으로 포용하려고 노력했는지를 돌아보지 않을 수 없다. 그리고 우리 사회의 여론이나 공권력이 획일화된 목소리를 통해 다른 의견을 가진 누군가를 억압하려 했거나 또는 하려고 드는지 우리가 날카로운 눈으로 지켜보지 않는 한 진정한 자유는 얻을 수 없다는 사실을 명심해야 한다. 그렇지 않는 한 우리는 서로가 서로를 인정하며 즐기는 사회, 다시 말해 진정 자유를 누리는 사회로 나아갈 수 없을 것이다.

2011년 4월

이진희

1. 이 책은 1989년 Cambridge University press에서 출판한 《On Liberty》를 주된 텍스트로 사용했으며, 국내 번역본 중에서는 2008년 서광사에서 펴낸 《자유론》(김형철 옮김)을 참고했다.

2. 《자유론》은 원래 5장으로 구성되어 있고, 장 이하는 목차가 나누어져 있지 않다. 하지만 이 책은 《자유론》 원문대로 5장의 틀은 그대로 유지했으나 각 장에 몇 개의 소목차를 달아 재구성했다. 또한 청소년들의 이해를 돕기 위해 일부 원문은 순서를 바꿔 배치하거나 부분적으로 삭제하기도 했다.

3. 내용을 쉽게 이해할 수 있도록 각 장 앞에 개괄을 정리해 놓았으며, 원문 내용 중 지나치게 축소되었거나 상징적인 부분에 대해서는 엮은이의 부가 설명을 덧붙였다. 부가 설명은 본문과 다른 서체로 표시해 놓았다.

제 1 장 _ 서론

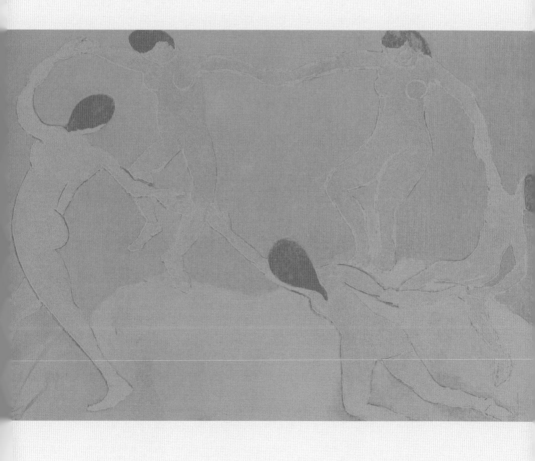

제1장 _ 서론

  서론의 핵심은 이 책 전체에서 다루고자 하는 국가 권력 또는 사회의 여론과 개인의 자유 사이에는 어떤 관계가 있으며, 진정한 자유란 무엇을 의미하는가라는 문제를 제기하는 것이다.

  역사적으로 국가 권력과 개인의 관계는 시대와 사회에 따라 조금씩 다른 모습으로 나타났다. 그렇다면 국가라는 공동체 안에서 개인의 자유란 무엇일까? 밀에 따르면, 자유는 국가 권력을 제한하는 것이다. 물론 이것은 사회라는 공동체 안에서 다수의 이익을 따른다는 것을 전제로 하는 말이다. 그런데 다수의 이익이나 여론은 항상 옳은 것인가? 사실 개인의 사고나 행위는 그 사회의 관습이나 대중의 여론, 종교 또는 도덕 등에 바탕을 두고 형성된 사회의 지배적인 감정에 의해 영향을 받는다. 그렇다면 도덕은 냉철한 이성적 판단에 근거해서 일관된 원칙에 따라 결정되는가? 실제로는 그렇지 않다. 도덕 역시 대부분의 사람이 좋아하고 싫어하는 사회적 감정에 의해 결정된다.

  이처럼 다수의 의견이나 여론이 항상 옳은 것이 아니며, 그 사회의 도덕이나 가치 또한 절대적인 것이 아니라면 개인의 자유를 결정하는 기준은 무엇인가? 이것이 바로 밀이 제기하려던 근본적인 질문이었다. 밀에 따르면, 그것은 바로 개인들의 자기 방어라는 것이다. 다른 사람에게 피해를 주지 않으며 동시에 다른 사람의 간섭을 받지 않을 자유, 그것이 자유의 본질이자 기준이라는 것이다.

  정보화·다원화·민주화되어 가는 오늘날의 현대 사회에서 개인의 자유는 어떻게 되고 있을까? 물론 개인의 자유가 증대될 가능성이 있다. 하지만 반대로 그것이 교묘하게 억압되는 상황이 연출될 수도 있다. 때로는 다수의 여론이라는 명분으로, 때로는 권력에 의한 여론 조작 등으로 말이다. 이러한 점을 염두에 두고 진정한 인간의 자유는 무엇인지, 우리는 그것을 누리기 위해 어떻게 해야 하는지를 생각하면서 밀의 주장을 꼼꼼히 읽어 보자.

이 글의 주제는 '시민의 자유', '사회의 자유'에 관한 것이다. 즉 그것은 사회가 개인에게 정당하게 행사할 수 있는 권력의 본질과 한계에 관한 것이다. 이 문제는 거의 제기되지도 않았고 널리 논의되지도 않았지만, 그 잠재적인 *(문제 제기의)* 가능성 때문에 오늘날의 실제적인 논쟁에 크게 영향을 미치고 있다. 그리고 그것은 머지않아 더욱 중요한 문제로 인식될 가능성이 크다. 이 문제는 결코 새로운 것이 아니며, 어떤 의미에서는 아주 오랜 옛날부터 인류*(의 생각)*를 갈라놓았던 문제였다. 하지만 오늘날 인류의 보다 문명화된 단계에서 이 문제는 새로운 조건 아래 다시 등장했고, 지금까지와는 달리 더욱 근본적인 대책을 요구하고 있다.

1. 자유란 국가 권력에 대한 제한이다

자유와 권위*(권력)* 사이에 일어났던 대립은, 일찍이 우리에게 익숙한 고대 그리스와 로마, 그리고 영국의 역사 속에서 가장 뚜렷하게 드러난다. 그런데 고대의 이런 대립은 일반 백성 또는 일반 백성 가운데 특정 계급과 정부 사이에서 생겨났다. 따라서 자유란 지배자의 억압에 대해 피지배자가 스스로를 지키는 것을 의미했다.

지배자들은, *(직접 민주주의를 실시한)* 그리스의 대중적인 정부를 제외하고는, 그들에 의해 지배를 받는 백성들과 적대적인 관계라고 여겨졌다. 그들은 한 사람의 지배자 또는 한 종족 내지 한 계급으로 이루어졌으며, 그들의 권위는 (*부모로부터의*) 세습이나 (*전쟁으로 말미암은*) 정복을 통해 얻은 것이지 어떤 경우에도 피지배자인 민중의 의사에 의해 이루어진 것은 아니었다. 또한 피지배자는 지배자의 폭력적인 권력을 미리 막기 위해 노력했을지언정 그것에 정면으로 도전하려고 하지 않았고, 아마 도전을 원하지도 않았을 것이다.

피지배자들은 지배자의 권력을 반드시 필요한 것으로 생각했으나, 한편으로는 매우 위험스러운 것으로도 여겼다. 왜냐하면 그것을 외부의 적에 대해서와 마찬가지로 그가 다스리는 피지배자들에게도 사용할 수 있는 무기라고 여겼기 때문이다. 공동체의 힘없는 구성원들은 셀 수 없이 많은 독수리들의 먹잇감이 되지 않기 위해 다른 독수리들보다 한층 더 힘이 강한 독수리에게 자신들을 맡길 필요가 있었다. 그러나 권좌에 오른 그 독수리 왕도 다른 독수리들 못지않게 무리 전체를 희생물로 잡아먹을 수 있기 때문에 구성원들은 그 독수리 왕의 주둥이나 발톱에 대해 영구히 방어하는 태도를 취할 필요가 있었다. 이러한 이유로 인해 공동체를 사랑하는 사람들의 목표는, 지배자가 공동체에 행사하는 권력에 제한을 가하는 것이었다. 그리고 이 제한이, 바로 자유였다.

2. 국가 권력을 제한하는 두 가지 방법

사람들은 지배자의 권력을 제한하고자 다음과 같은 두 방법을 시도했다.

첫째, 정치적 자유 또는 권리라고 불리는 일종의 면책 조항을 지배자가 승인하도록 하는 것이다. 그리고 지배자가 이 조항을 침해하면, 지배자가 자신의 의무를 이행하지 않은 것으로 여겨 그에 대한 저항을 정당한 것으로 받아들이게 했다. (*예를 들면 양심의 자유나 사상의 자유를 '불가침의 개인적 자유'로 규정하고, 이러한 자유는 설사 국가나 최고 정치 지도자라 할지라도 감히 침해할 수 없도록 만드는 것이다.*)

둘째, 헌법에 의한 제약으로 첫째 방법보다 뒤에 등장했다. 이것은 지배자가 권력을 행사하는 데 공동체 또는 그 이익을 대변하는 집단의 동의를 필수 요건으로 하는 것이다. (*즉 지배자가 행사하는 권력을 헌법에 근거를 두고 그에 따라서 행하도록 하는 방법을 말한다. 예를 들면, 대통령의 권력 행사에 대해 의회의 동의나 국민 투표에 의한 동의를 필수 요건으로 규정하는 것이다.*)

유럽 대부분의 국가에서 지배 권력은 다소의 차이는 있었지만 첫 번째 방법을 받아들이지 않을 수 없었다. (*왜냐하면 이들 국가에서는 시민 혁명이 일어나기 전부터 인간은 태어나면서부터 하늘로부터 부*

여받은 천부 인권이 있다는 사상이 등장했고, 이것이 보편적으로 받
아들여졌기 때문이다.) 그러나 두 번째 방법에 대해서는 사정이 달랐다. 자유를 사랑하는 사람들에게는 이것을 실현하는 일 또는 이미 어느 정도 실현된 경우에도 더 완전하게 실현하는 일이 중요한 목적이 되었다. 하지만 인류가 내부에 있는 적(지배자)의 힘을 이용해 외부의 적과 싸우는 데 만족하고, 지배자의 압제를 어느 정도 통제할 수 있다는 조건 아래 지배자의 통치를 받는 것에 만족하게 되자, 그들은 자유에 대한 열망을 더 이상 키워 나가지 않았다.

3. 선거에 의해 선출된 국민의 정부

인간 생활이 발전해 감에 따라, 사람들은 지배자가 자신들과 대립된 이해관계를 갖고 있으며 독립적인 권력을 지녔다는 사실을 당연하게 생각하지 않게 되었다. 사람들은 이제 국가의 행정 관리들이 국민의 뜻에 따라 교체되는 대리인이나 위탁 관리인이어야 하는 것이 더 마땅하다고 생각했다. 오직 그와 같은 방법에 의해서만 정부 권력이 자신들에게 불리하게 남용되는 일 없이 완전하게 보장될 것이라고 생각해서였다. (*그 결과*) 선거에 의해 임기가 정해진 통치자를 선출하려는 새로운 요구는 대중 정당이 있는 곳 어디에서나 정당 활동의 주요한 목표가 되었다. 그리고 지배자의 권력을 제한하고자 한 그때까지의 노력은 상당한 정도로 이러한 요구에 의해 대체되었다.

지배 권력을 피지배자가 정기적으로 선출하고자 하는 투쟁이 전개됨에 따라, 일부 사람들은 지금까지 국가 권력을 제한하는 일 자체를 지나치게 중시했다고 여기기 시작했다. *(과거에)* 권력을 제한하려고 한 것은 국민의 이익과는 항상 반대되는 이익을 지닌 지배자에게 대항하는 수단이라고 여겼기 때문이다. 하지만 이제 필요한 것은 지배자들이 국민과 하나가 되어야 한다는 점이다. 다시 말해 지배자의 이해나 뜻이 국민의 그것이 되어야 한다는 사실이다.

(이렇게 지배자와 국민이 하나가 된다면) 국민은 자신의 뜻에 어긋나는 보호를 받을 필요가 없어지며, *(자신이 뽑은 지배자가)* 자신에게 폭력을 행사할 것이라는 두려움을 가질 필요도 없어진다. 지배자가 국민의 의사를 효과적으로 책임지고, *(그렇지 않을 경우)* 국민이 통치자를 즉각적으로 파면할 수 있다고 해 보자. 그러면 국민은 자신들에 의해 권력 행사 범위가 제한된 지배자를 믿을 만한 여유를 가질 수 있게 된다. *(지배자의 권력은)* 한 곳에 집중되어 이를 행사하는 것이 보다 수월해진 국민 자신의 권력에 지나지 않는 것이다.

이러한 사고방식은, 유럽 자유주의의 마지막 세대들에게는 평범한 것이겠지만 대륙에서는 아직도 분명히 지배적인 생각이다. 대륙 정치 사상가들 중 뛰어난 몇 사람을 빼고는 있어서는 안될 정부를 제외하고, 정부의 활동에 일정한 제한을 두어야 한다고 생각하는 사람은 없었다. 만일 영국에서도 이러한 분위기가 변함없이 계속되었다면, 아마 지금까지도 이것을 중요시하는 풍조가 지배적이었을 것이다.

4. 사회의 지배적인 여론에 의한 전제(專制)

인간사도 그렇듯이, 정치 이론과 철학 이론에도 사람들의 눈에 띄지 않고 감추어져 있을지라도 그 약점과 결점들이 실패로 인해 분명하게 드러나는 경우가 있다. 국민의 정부라는 것이 그저 꿈속에서나 존재하는 이상이거나 먼 과거 시대에 존재하긴 했어도 다만 그것을 책을 통해서 어렴풋하게 짐작하던 시절에는, 국민에게 적용되는 스스로의 권력을 제한할 필요가 없다는 생각이 자명하다고 여겼을지 모른다.

심지어 이런 생각은 프랑스 혁명처럼 일시적으로 일어난 일탈 행위에 의해서도 흔들리지 않았다. 왜냐하면 프랑스 혁명에서 가장 좋지 않은 점은 극소수의 사람이 권력을 차지하려고 일으킨 봉기라고 생각했기 때문이다. 그리고 어떤 경우에 해당되든 프랑스 혁명은 영구적인 민주 제도를 수립하지도 못했고, 군주와 귀족의 전제 정치에 대항해서 일어난 갑작스럽고 충동적인 폭동이라고 생각했기 때문이다. 그러나 얼마 지나지 않아 하나의 민주 공화국(미국을 말함)이 지구상의 아주 넓은 땅에 세워졌고, 스스로를 국제 사회의 가장 강력한 일원으로 만들었다. 그리하여 선거에 의해 선출되고 국민에 대해 책임을 지는 정부는 (미국이라는 현실의 존재를) 관찰하고 비판하게 되었다.

이제 '자치 정부'라거나 '스스로를 지배하는 대중의 권력'이라는 말은 그 말의 뜻을 그대로 표현할 수 없게 되었고, 사람들은 이를 받아들였다. 권력을 행사하는 대중이 권력 행사를 받는 대중과 항상 같은 것은 아니다. 이른바 '자치 정부'도 대중 각자가 그 자신을 지배하는 정부가 아니라, 실제로는 대중 각자가 그들이 아닌 다른 모든 사람(대부분의 사회 구성원)에 의해 지배되는 정부를 말한다. 더욱이 대중의 의사란 것도 실제로는 대중 속에서 가장 많은 다수 또는 가장 활동적인 부류의 의사, 다시 말해 자신들을 다른 사람들에게 다수라고 인정하도록 만드는 데 성공한 사람들의 의사를 말한다. 따라서 대중은 (*대중의 의사라는 것을 무기로 내세워*) 그 구성원의 일부를 억압하려고 할 수도 있다. 이러한 억압에 대해서는 다른 권력 남용에 반대하는 것과 마찬가지로 철저하게 경계할 필요가 있다. 그러므로 권력을 장악한 사람이 사회 속의 가장 강력한 집단(당파)에 대해 정기적으로 책임을 지는 경우일지라도, 개인들에 대한 통치권 행사를 제한하는 일은 여전히 중요하다.

이러한 견해는 사상가들의 지성과 민주주의와 상반되는 이해관계를 가진 유럽 사회의 유력한 계급들이 지닌 성향에 호소하는 힘이 있었기 때문에 폭넓게 받아들여졌다. 그리고 정치적인 문제를 논의할 때 '다수의 횡포'는 이제 일반적으로 사회가 경계해야 할 악덕 중의 하나로 인식되고 있다.

다른 횡포와 마찬가지로 다수의 횡포는 주로 관료의 행위를 통해 이루어지기 때문에, 그것은 처음에도 그랬지만 지금도 여전히 두려움의 대상이다. 그런데 사려 깊은 사람이라면 사회 자체가 폭군이 될 때, 다시 말해 집단으로서의 사회가 그것을 구성하는 개인들에게 폭군으로 군림할 때, 폭압 수단이 단지 행정 관리가 저지를 수 있는 행위에 국한되지 않는다는 사실을 알 수 있을 것이다.

사회는 그 자신의 명령(사회 전체가 정당하다고 생각하는 명령)을 집행할 수 있을 뿐만 아니라, 또 이를 집행하기도 한다. 그런데 만일 사회가 정당한 명령이 아니라 부당한 명령을 내리거나 사회가 관여할 성질이 아닌 일에까지 명령을 내린다면, 그 사회는 다른 어떤 정치적 탄압보다 더 강력한 사회적 전제(專制)를 감행하는 것이다. 왜냐하면 사회적 전제는 정치적 탄압처럼 극심한 처벌을 가하지는 않지만, 대신에 사람들로 하여금 도망갈 수 있는 여지를 남기지 않은 채 일상생활의 세세한 부분에까지 깊숙이 개입해서 인간의 영혼 자체를 노예로 만들기 때문이다. (*보통 정치적 탄압은 극심한 처벌을 동반한다. 예를 들면 정적을 멀리 귀양 보내거나, 최악의 경우에는 사형에 처하는 것 등이다. 이에 비해 사회적 전제는 이런 처벌을 하는 것은 아니지만 소문이나 기피 등을 통해 도덕적·사회적 매장을 함으로써 개인의 영혼까지도 파괴할 수 있다.*) 그러므로 행정 관료의 전제에 대한 보호 장치만으로는 충분하지 않다. 오히려 널리 퍼져 있는 여론과 감정에 따라 제멋대로 행해지는 폭력적인 억압에 대한 보호 장치가 동시에 필요하다. 여기서 폭력적인 억압이란 법적 형벌 이외의 방법으로 사회의 가치나 관습에 따르지 않는 사람에게 행위 규범을 강요하는 것을 말한다. 또한 사회의 이런 폭력적인 억압은 사회의 방식(가치나 관습)과 조화를 이루지 못하는 각 개인의 개성 발전을 막고, 나아가 개성이 형성되는 것 자체를 원천 봉쇄함으로써 모든 사람의 개성이 사회가 일방적으로 설정한 모형에 의해 획일화되도록 강요한다.

사회의 여론이 개인의 독립성에 합법적으로 간섭하는 데는 한계가 있다. 이런 한계를 찾아내 그것을 침범하지 못하도록 하는 것은, 정치적 압제에 대한 개인의 보호 장치와 마찬가지로 바람직한 인간 생활의 조건을 만들기 위해 반드시 필요한 것이다.

5. 사회적 관습과 대중의 여론은 항상 옳은 것일까?

이런 주제는 원론적인 차원에서 보면 특별히 이론의 여지가 없을 지도 모른다. 그럴지라도 그 한계를 어디에 설정할 것인가, 즉 개인 의 독립과 사회의 통제 사이를 어떻게 적절하게 조정할 것인가 같은 문제는 해결해야 하는 주제로 남아 있다.

어느 누구든 다른 사람과의 관계에서 자신의 존재를 가치 있는 것 으로 만들려면 다른 사람의 행위를 강제할 수밖에 없다. 그러므로 사 람의 행위 규범은 일차적으로 법에 의해 강제해야 하고, 법의 적용 대상으로 삼기에 적합하지 않은 많은 문제들은 여론에 의해 강제해 야 한다.

이와 같은 규범들(법, 여론, 도덕 등을 말함)이 어떤 것이어야 하는지 는 인간 생활에서 근본적인 문제라고 할 수 있다. 하지만 일부 명백 한 경우를 제외하고는 이 문제야말로 아직까지도 분명하게 그 해결 에 진전을 보지 못한 분야다. 어느 두 시대에도, 어느 두 국가에서도 이 문제에 대해 똑같은 결론이 내려진 적이 없었다. 한 시대에, 한 국 가에서 내린 결론을 다른 시대, 다른 국가에 사는 사람들은 이해하기 어려운 일로 받아들인다.

그런데 어느 시대, 어느 국가에 속한 사람들도 그 문제에 대해 마 치 모든 인류가 항상 자신들과 똑같은 생각을 했던 것처럼 여기면서,

그 문제가 안고 있는 어려움을 전혀 의심하지 않는다. 사람들은 자신들 사이에 존재하는 규범을 자명한 것이거나 정당한 것으로 받아들인다.

이런 보편적인 착각은 관습이 지닌 마술적 영향력을 보여 주는 한 예다. 속담에도 있듯이 관습은 제2의 천성일 뿐만 아니라, 제1의 본성으로 잘못 이해되고 있다. 관습은 인류가 서로 강제하는 행위 규범을 의심하지 못하도록 하는 데 가장 완벽한 효력을 발휘한다. 왜냐하면 일반적으로 한 사람이 자신에게나 다른 사람에게 관습이 왜 존재하는지, 그 이유를 설명해야 할 필요를 느끼지 않기 때문이다. 사람들은 이 본성이라는 주제에 관해 감정이 이성보다 우월해서 이성이 필요하지 않다고 습관적으로 믿어 오고 있으며, 철학자들은 사람들이 그렇게 믿도록 상황을 조장해 왔다.

인간 행위의 규제에 관해 사람들의 의견을 이끌어 내는 실제적인 원리는 개인의 마음속에 있는 감정이다. 이 감정이란 사회의 지배적인 여론에 의해 다른 모든 사람도 그렇게 행동하도록 요구받고, 그가 공감하는 다른 사람들도 그렇게 행동해야 한다고 여기는 감정이다. (사람들은 행위 규범을 우리 인간이 왜 지켜야 하는지에 대해 이성적으로, 그리고 비판적으로 성찰하지 않는다. 단지 '그것은 과거로부터 행해 온 관행이기에, 많은 사람이 그렇게 하는 것을 좋아하기 때문에'라는 식의 감정에 의해 정당화되었을 뿐이다.)

사실 아무도 자신의 판단 기준이 자신의 기호(嗜好), 즉 자신이 좋아하는 것에 달려 있다고는 인정하지 않는다. 그러나 이성이 뒷받침되지 못한 채 어떤 행위에 대해 의견을 제시한다면, 그것은 한 개인의 기호라고 여길 수밖에 없다. 또 가령 그럴 만한 이유가 제시되었다고 하더라도 그것이 다른 사람들도 느끼는 비슷한 기호에 호소하는 정도라면, 그것은 여전히 한 사람이 아닌 많은 사람의 기호에 불과할 뿐이다. (*이성적으로 판단했을 때 다수의 견해는 많은 사람의 생각이 집약된 것이기 때문에 옳다고 여겨질 가능성이 더 많다. 하지만 다수의 견해인 여론이 항상 옳음을 보장하지는 않는다. 우리는 많은 역사적인 사례를 통해 이를 쉽게 발견할 수 있다. 다수의 견해가 옳다면 왜 중세에 많은 사람이 믿었던 천동설이 몇몇 과학자가 주장한 지동설에 의해 뒤집어졌겠는가? 왜 우리는 중세 시대에 일반적으로 당연하다고 여겼던 마녀사냥을 오늘날 그토록 비난하는가? 다수의 견해인 여론은 도덕적 성찰과 비판적 숙고, 그리고 과학적 입증을 통해 결론을 이끌어 낸 것이라기보다 단지 다수의 사람이 감정적으로 좋아하는 것을 집약한 것일 수도 있기 때문에 항상 이성적인 근거를 바탕으로 판단해야 한다.*)

그러나 보통 사람에게 자신의 기호가 다수의 지지를 받는다는 것은 완전하게 만족스러운 근거가 된다. 뿐만 아니라 그것은 자신이 믿는 종교의 교리에 명백하게 기재되지 않은 도덕, 기호, 예의범절일지라도 그것이 옳다고 주장할 수 있는 유일한 근거가 된다. 심지어 이 것은 종교적 교리를 해석하는 주된 지침이기도 하다.

따라서 어떤 것이 칭찬할 만한 것이고 어떤 것이 비난해야 마땅할 것인가에 대한 사람들의 의견은 다른 사람의 행위에 대해서 그들이 바라는 바와 관련된 다양한 원인들에 의해 영향을 받는다. 때로는 그 것이 이성이지만 때로는 편견이나 미신이기도 하며, 때로는 사회적 으로 선호하는 감정이기도 하다. 아주 드물기는 하지만 반사회적 감 정인 선망이나 질투, 교만, 경멸인 경우도 있다. 그러나 가장 일반적 인 것은 자신에 대한 욕망과 두려움, 자신의 정당한 또는 부당한 이 기심 등이다.

우월한 계급이 존재하는 사회라면 어디서든, 도덕의 상당 부분이 우월한 계급의 이익과 그들의 우월감에 따라 생겨난다. 예를 들면 스 파르타의 시민과 노예, 미국 남부의 대농장 주인과 흑인, 봉건 군주 와 신민, 귀족과 평민, 그리고 남성과 여성 사이에 존재하는 도덕은 (*전자가 후자보다 우월한 위치에 있기 때문에*) 대부분 전자의 계급적 이해와 감정에 의해 생겨났다.

그리고 이렇게 형성된 도덕 감정은 이번에는 우월한 계급의 여러 성원 간의 관계 속에서 그들의 도덕적 감정에 반작용을 한다. 이전 사회에서 우월했던 계급이 그 우월성을 상실하거나 그 우월성이 대 중적 인기를 잃어버리면, 세상 일반의 도덕적 감정은 종종 이전의 우월성에 대해 견디기 어려운 혐오감으로 가득찬다.

6. 도덕은 선호와 혐오의 감정에 따라 결정된다

이렇게 법이나 여론에 의해 강화된 행위와 규제에 관한 규범을 결정짓는 또 하나의 대원칙은 그들의 세속적인 군주가 선호하는 것, 또 그들의 신이 원하는 것이라고 여겨지는 선호와 혐오의 감정에 그대로 따르려는 인류의 노예근성이었다.

지배자와 신의 의지에 따르려는 인간의 노예근성은 본질적으로 이기적인 것이기는 하지만 위선적인 것은 아니다. (*사람들은 지배자나 신을 따르는 것이 처음에는 어쩔 수 없어서 받아들인 것일지라도 점차 관습이 되어 당연하다고 생각한다. 그래서 그것에 반하는 행위를 하는 사람을 보면 싫은 감정을 드러내기도 하는데, 이런 감정은 인간의 집단적인 이기심에서 나온 것이지 일부러 꾸며 낸 거짓 감정은 아니다.*) 또한 이것은 매우 순수한 혐오의 감정을 불러일으키기도 하는데, 사람들로 하여금 마술사나 이교도를 화형에 처하게 할 정도였다. 그렇게 밑바탕에 깔린 많은 영향력 중에서도 사회의 이해관계는 도덕 감정을 형성하는 데 매우 커다란 역할을 했다. 그러나 사회의 이해관계도 이성에 의해서나 사회 그 자체의 입장이라기보다는 사회의 이해관계로부터 나온 동정심과 반감의 결과에서 비롯된 것이었다. 그 결과 사회의 이해관계와는 관계없이 품게 된 동정과 반감이라는 감정이 한 사회의 도덕을 확립하는 데 커다란 힘을 발휘하기도 했다.

한 사회가 무엇을 좋아하고 무엇을 싫어하는지, 또 그 사회의 지배 계층이 무엇을 좋아하고 무엇을 싫어하는지가 일반 사람들이 지켜야 하는 규범을 실질적으로 결정하는 주된 요인이다. 이런 규범은 법률이나 여론에 의한 처벌을 통해 확립된다. 일반적으로 사상과 감정에서 사회를 선도하는 사람들(시대를 앞서가는 지식인들을 말함)은 세세한 점에서 설사 이런 것들과 갈등을 겪었다 할지라도 반론을 제기하지 않았다. (*예를 들면 갈릴레이는 중세 교회에서 강력하게 주장했던 천동설을 부정했지만 종교 재판에서 여러 차례 자신의 주장을 번복했고, 결국 마지막에는 지동설을 포기한다는 서약서를 읽으며 교황청에 무릎을 꿇기도 했다.*)

그들은 사회가 선호하고 혐오하는 것이 개인이 준수해야 할 법인지 깊이 있게 탐구하지 않았다. 오히려 그들은 사회가 선호하고 혐오해야 할 대상이 무엇인지에 대해 탐구하는 데 전념했다. 그들은 자유를 지키고 보호하려고 (*사회에서 인정받지 못하는*) 이단자들을 규합해 공통적인 대의명분을 주장하기보다, 오히려 그들 자신이 일반 사람들과 달리 생각하던 특정한 문제에 대해 전 인류가 가진 감정과 생각을 바꾸어 놓으려고 애썼다.

7. 종교인들은 다른 신앙에 관용을 베푸는가?

집단이 하나의 원칙에 따라 일관되게 숭고한 입장을 취하는 유일한 사례는 종교의 경우다. 종교는 우리에게 많은 교훈을 주는데, 특히 그중에서도 (*종교적 교리로 인해*) 이른바 도덕 감정의 오류를 쉽게 범할 수 있다는 점에서 가장 충격적인 교훈을 준다고 하겠다. 왜냐하면 한편으로는 매우 독실하지만 다른 한편으로는 매우 편협한 신자에게서 볼 수 있는 신학상의 반감이 그런 도덕 감정을 보여 주는 가장 명백한 예이기 때문이다. 스스로를 보편적인 교회라 부르며, 로마 가톨릭의 잘못된 관습과 굴레에서 벗어나고자 노력했던 사람들(프로테스탄트를 말함)도 종교적인 다양성을 인정하지 않았다는 점에서 사실 로마 가톨릭과 별반 다를 바가 없었다.

그러나 당시 어느 종파도 다른 종파를 압도할 만큼 사상적으로 완전하게 우위를 차지하지 못한 채 그들 간의 다툼의 열기는 점차 식어 갔다. 그러자 각 종파는 이미 자신들이 확보한 입지를 확고히 하는 데 만족할 수밖에 없었다. 다수파가 될 가능성이 없다는 사실을 깨달은 소수파들은 그들이 개종시킬 수 없었던 다수파에게 오히려 신앙의 다양성을 허용해 달라고 호소할 수밖에 없었다. 따라서 사회에 대한 개인의 권리를 보다 보편적인 원리에 입각해서 광범위하게 주장하고, 교리를 달리하는 이단자들에게 권위를 휘두르려는 사회의 요구를 공공연히 비판한 것은 이 종교적인 전쟁터였다.

오늘날 우리가 누리는 종교의 자유를 선포한 위대한 문필가들은 양심의 자유를 불가침의 권리라고 주장했다. 또한 인간이 자신의 종교 때문에 다른 사람으로부터 불이익을 받는 것을 절대적으로 부인했다. 그러나 원래 인간은 무슨 일이든 자신이 관심을 갖는 일에 대해서는 관용을 베풀지 못하는 성향을 지니고 있다. 따라서 종교의 자유는 전 세계 어느 곳에서도 실제적으로는 거의 실현되지 못했다. 그리고 종교의 자유가 실현된 경우조차도 신학적인 갈등 때문에 사회의 평화로움이 뒤흔들리는 것이 싫어서 오히려 종교적인 무관심이 심화된 곳뿐이었다.

심지어 신앙의 자유가 가장 많이 허용되는 나라에서조차도 거의 모든 신도의 마음속에, 종교에 대해 관용을 베풀어야 한다는 의무는 암묵적인 유보 조항과 함께 인정되었다. 어떤 사람은 교회의 행정적인 일을 처리하는 것에서는 자신과 의견이 다를지라도 이를 수용할 수 있다고 생각한다. 하지만 종교적인 교리 문제에 관해서는 그렇지 않을 것이다. 어떤 사람은 가톨릭 교도나 유니테리언(기독교의 한 파로, 삼위일체론을 부정하고 그리스도의 신성을 부정하며, 신이 유일자라고 주장한다)이 아닌 한 누구에게나 관용을 베풀 수 있다고 생각한다. 또 어떤 사람은 계시 종교(인간에 대한 신의 은총을 바탕으로 하는 종교로, 그리스도교·유대교·이슬람교 등이 이에 속한다)를 믿는 사람에 대해서는 누구를 막론하고 관용을 베풀 수 있다고 믿는다.

비록 소수이기는 하지만 '관용'이라는 자비로운 마음을 좀 더 널리 베푸는 경우도 있는데, 그것도 다만 내세와 기독교 신을 믿는 자들에 한해서일 뿐이다. 결국 대부분의 사람들이 지닌 종교적 열정이 순수하고 강렬한 곳이면 어디서나, 사람들은 자신들의 주장에 다른 사람이 복종하기를 원한다는 것을 쉽게 확인할 수 있다.

8. 사람들의 의견을 결정하는 일관된 규칙이나 원리는 없다

영국은 정치적인 역사의 특수성으로 인해 여론의 구속력이 아마도 유럽 대부분의 국가들보다 강할지 모르나, 법률의 구속력은 오히려 약하다. 그리고 입법권이나 행정권이 개인의 사적인 행위에 직접적으로 간섭하는 것을 상당히 경계한다. 그 이유는 개인의 독립성을 존중해야 한다는 사고방식에서 비롯되었다기보다는 정부가 대중의 이해관계와 대립되는 이익을 대변한다는 오래된 통념에서 비롯된 것이다.

영국인들 대부분은 여전히 정부의 권력이 그들 자신의 권력이고, 정부의 견해가 그들 자신의 견해라고 느끼지 않는다. 물론 그들이 그렇게 느낀다면 이미 여론으로부터 개인의 자유가 침해되고 있듯이 정부로부터도 자유를 침해받을지 모른다. 그러나 아직은 영국인들이 예전에 법률의 제재를 받은 관례가 없던 문제에 대해 국가가 새로 법률을 제정해서 통제하려고 하면 이에 강력하게 저항하려고 한다. 그런데 이것은 그 문제가 법률상의 통제를 받을 만한 정당한 범위 안에 있는지 여부는 따져 보지 않은 채 일어난다. 따라서 이러한 저항은 대단히 건전한 것임에도 구체적으로 적용되는 사례에서는 잘못된 경우가 꽤 많다.

실제로 정부 권력이 개인에게 간섭하는 것이 정당한가의 여부를 가려 줄 수 있는 공인된 원리는 없다. 사람들은 그들이 갖는 개인적인 선호에 따라 결정을 내린다. 어떤 사람은 반드시 실현해야 할 선(善)이나 바로잡아야 할 악(惡)이 있다면 그것은 언제나 기꺼이 정부가 수행해야 한다고 주장한다. 그러나 다른 사람들은 그렇게 생각하지 않는다. 그들은 국민의 이익을 위해 정부의 통제를 강화하기보다는 아무리 커다란 사회적 해악이라도 이를 참고 견디는 것이 더 좋다고 생각한다. 그리고 다른 많은 사람은 구체적인 사안에 따라 이 두 입장 중 하나를 택한다. 때로는 정부의 일이라고 제안된 구체적인 내용이 그들에게 가져다주는 이익과 손해에 따라 어느 편을 들지를 결정한다. 때로는 정부의 과제로 제안된 것에 대한 사람들의 관심에 따라, 또는 정부가 그것을 그들이 원하는 방식으로 행할 것인지 여부에 따라 어느 편을 지지할 것인가를 결정한다.

결론적으로 사람들은 어떤 일을 정부가 수행하는 것이 바람직한가의 여부에 대해 일관된 신념을 갖고 결정하는 경우는 별로 없다. 나는 이와 같이 사람들이 결정을 내리는 일에 일관된 규칙이나 원리가 없기 때문에 현재로서는, 어느 한쪽의 입장도 다른 입장과 마찬가지로 충분히 오류가 있을 수 있다고 본다. 이와 비슷한 정도로 개인에 대한 정부의 간섭 또한 부당하게 선포되고 부당하게 비난받는다고 생각한다.

9. 타인의 자유에 대한 정당한 간섭은 자기방어에 있다

이 글의 목적은 통제와 강압을 통해 사회가 개인에게 행하는 매우 단순한 원칙이 있다는 사실을 주장하는 것이다. 여기서 강압과 통제의 수단으로 법률적 처벌이라는 육체적 강제력을 사용하든, 여론이라는 정신적 강제력을 사용하든 말이다. 이 원칙은, 인류가 개인적으로나 집단적으로 한 개인의 자유에 간섭하기 위해 스스로를 정당화할 수 있는 유일한 근거는 자기방어라는 것이다. 다시 말해 권력이 사회의 한 구성원에 대해 그의 의사에 반해서 정당한 제재를 행사할 수 있는 유일한 목적은 다른 구성원에게 미치는 위해를 방지하기 위함이다.

(우리는 흔히 행복 증진을 삶의 원리로 생각하기 쉽다. 하지만) 자신의 행복이 육체적이든 정신적이든 간에, 타인의 자유에 부당하게 간섭하는 것을 정당화할 수는 없다. 우리가 타인에 대해서 그를 더 행복하게 만들기 위해, 그렇게 하는 것이 그에게 더 바람직한 결과를 가져올 수 있기 때문에, 나만이 아니라 다른 사람들이 보더라도 그렇게 하는 것이 더 현명할 뿐만 아니라 정당하기 때문에, 그에게 그렇게 행동하라거나 자제하라고 강제하는 것이 정당화될 수는 없다.

이러한 것들은 그에게 조언을 하고, 그를 이해시키며, 그를 설득하고, 그에게 무엇인가를 간절히 요청할 필요가 있을 때는 충분한 근거가 있다. 하지만 그가 그렇게 하지 않을 경우, 그에게 강제력을 행사하거나 해를 끼칠 수 있다는 정당한 근거는 되지 못한다. 그에게 행하는 물리적인 강제력을 정당화하기 위해서는, 그에게 하지 못하도록 요구하는 그의 행위가 다른 사람들에게 해를 끼칠 것이라는 사실이 예상되어야 한다.

어느 누구의 행위라도 그가 사회에 대해서 책임을 져야 할 유일한 부분은 타인과 관련된 경우뿐이다. 자신에게만 관련된 경우 그 사람의 독립성은 절대적으로 중요하다. 개인은 자기 자신에 대해서, 즉 자신의 육체와 정신에 대해서 *(타인에게 침해당할 수 없는)* 주권자다.

이러한 주장이 오직 성숙한 능력을 갖춘 성인들에게만 적용된다는 사실은 새삼 말할 필요가 없을 것이다. 우리는 어린이나 미성년자들에 대해 이야기하는 것이 아니다. 여전히 다른 사람들의 보호를 필요로 하는 미성년자들은 외부의 위해로부터 보호되어야 하듯이 그들 스스로의 미숙한 행위에 대해서도 보호받아야 한다. 이와 마찬가지 이유로 인종 자체가 미성년의 단계에 있는 후진 사회에 살고 있는 사람들도 고려 대상에서 제외될 것이다.

어느 사회에서나 자발적인 진보를 이룩하려는 과정에서 겪는 초창기의 어려움이 너무 크기 때문에 그 어려움을 극복하기 위한 수단은 선택의 여지가 거의 없다. 그러므로 사회를 개선하고자 하는 의지로 가득 찬 통치자는 그 목적을 달성하기 위해 어떠한 수단이라도 사용할 수 있었다. 아마도 그렇게 하지 않았더라면 목적을 이룰 수 없었을지도 모른다. 그 목적이 문명 이전 미개인의 생활을 개선하기 위한 것이고 그 같은 목적을 달성하는 데 실제적인 효과를 발휘하는 수단임을 정당화할 수 있다면, 전제 정치는 미개인들에 대한 정당한 통치 형태다.

따라서 인류가 자유롭고 평등한 관계에서 서로 토론함으로써 사회를 개선할 수 있던 시대 이전에는, 원칙으로서의 자유는 어떤 인간사에도 적용될 수 없었다. 그러나 인류가 스스로 확신을 갖거나 타인의 설득을 통해 자신을 능히 개선할 수 있는 능력을 갖게 되었을 때는 그렇지 않다. 실제로 우리가 여기서 관심을 가질 필요가 있는 모든 나라는 이미 이 단계는 지났다. 이렇게 되자 강압적인 수단은 그것이 개인에게 직접적으로 가해지든, 복종하지 않았을 때 고통이나 형벌을 주겠다고 위협하는 것이든, 인간의 선을 도모하기 위한 수단으로 여길 수 없다. 따라서 강압적인 수단은 단지 다른 많은 사람의 안전을 보장하기 위한 수단으로만 정당화될 수 있다.

나는 공리(公利, 일반 사람들이나 공공 단체의 이익)가 모든 윤리 문제를 판정할 수 있는 궁극적인 기준이라고 생각한다. 그러나 그것은 진보하는 존재로서의 인간이 추구하는 항구적인 이익에 기초한 가장 넓은 의미의 공리여야 할 것이다. 나는 개인의 행위가 타인의 이익과 관련된 경우에만, 인간의 항구적인 이익(*다시 말해 공리*)을 위해 개인의 자율성을 외부의 통제에 의해 억제하는 것이 정당화될 수 있다고 생각한다.

만일 누군가가 타인에게 해악을 끼쳤다고 하자. 그런데 그에게 법률에 따른 처벌이나 법적 형벌을 적용할 수 없을 때는 여론의 비난에 의해 처벌하는 것이 명백한 경우가 있다. 또한 개인이 다른 사람들의 복지를 위해 마땅히 해야만 할 능동적인 행위들도 많다. 예를 들면 법정에서 증언하는 일, 국토 방위를 위해서나 자신을 보호해 주는 사회의 이익을 위해 필요한 공공사업에 참여해 의무를 수행하는 일, 동료의 생명을 구해 주는 일이나 학대를 받아도 아무런 방어를 하지 못하는 약자를 보호하기 위해 끼어드는 일처럼 어떤 개인적인 선행을 하는 일, 명백히 그가 책임을 져야 했음에도 그렇게 행동하지 못한 것에 대해 책임을 다하도록 강요받는 일(*예를 들어 사회봉사 명령*) 등이다.

사람은 행동을 함으로써 타인에게 해를 끼치기도 하지만 하지 않음으로써 해를 끼치기도 한다. 이때 어느 경우에나 그 해악에 대해 마땅히 책임을 져야 한다. 그러나 후자의 경우, 처벌을 실행하는 데서 전자보다 훨씬 더 신중을 기해야 마땅하다.

타인에게 해악을 끼쳤다면 그가 누구든 책임을 지게 하는 것이 규칙이다. 이와 비교해 볼 때, 상대적으로 위해를 막지 못한 것에 대해 책임을 묻는 것은 예외적인 경우다. 하지만 이러한 예외를 정당화할 만큼 충분히 명백하고 심각한 경우도 많다. 한 개인이 갖는 타인과의 관계에 관한 모든 일에 대해서, 그는 이해관계가 있는 모든 이들에게 법률상 책임을 지고, 필요하다면 보호자로서 사회에 대해서도 책임을 진다. 그런데 예외적으로 그런 책임을 지우지 않아도 되는 경우가 있다. 그러나 그런 경우는 특별히 편의적인 사정이 있을 때만 발생해야 한다. 즉 사회가 어떤 방식으로든 개인을 통제하려고 권력을 쥐기보다는 개인의 자유재량에 맡기는 것이 오히려 사회 전체로 볼 때 개인이 더 잘 행동할 가능성이 있는 경우, 또는 사회가 개인을 통제하려고 할 때 그것이 오히려 방지하려는 해악보다 훨씬 더 큰 다른 해악을 가져오는 경우가 여기에 해당된다.

이와 같은 이유로 개인의 책임이 면제되었을 때, 행위자 자신의 양심은 비어 있는 법정에 홀로 나아가 외부로부터 어떤 보호도 받지 못하는 사람들의 이익을 옹호해야 한다. 이 경우, 그는 타인들의 판단에 대해서 책임을 지지 않아도 되기 때문에 자신을 한층 더 엄격하게 심판해야 할 것이다.

10. 인간의 자유에 대한 고유한 영역

개인과 구별되는 존재로서의 사회가 단지 간접적인 이익만을 갖는 인간 행위의 영역이 있다. 그 영역이란 개개인 '자신에게만' 영향을 미치는 한 개인의 삶과 행위의 영역 대부분을 포함하는 것이다. 또는 다른 사람에게 영향을 미친다 하더라도 그들이 자유롭고 자발적으로, 그리고 속임수에 의한 것이 아니라 기꺼이 동의하고 참여한다는 전제가 있다면, 삶과 행위의 영역 대부분을 포함하는 것이다.

여기서 내가 '자신에게만'이라고 말한 것은 '직접적이고 일차적인 것'이라는 의미다. 왜냐하면 개인 자신에게 영향을 미치는 것은 무엇이든 다른 사람들에게도 영향을 미칠 수 있기 때문이다. 그리고 이렇게 우연히 일어날지도 모르는 일(우연성)에 근거했을 반론에 대해서는 다음 장에서 다룰 것이다.

어쨌든 (이처럼 사회에 간접적인 이익을 주는) 개인의 행위 영역은 인간의 자유에 대한 고유한 영역이며, 그것은 다음과 같이 이루어져 있다.

첫째, 자유는 의식의 내적 영역을 포함한다. 그것은 가장 포괄적인 의미에서의 양심의 자유, 사상과 감정의 자유를 포함하며, 실천적·사색적·과학적·도덕적 또는 신학적 등 모든 주제에 대한 의견과 감정의 절대적 자유를 포함한다. 자신의 의견을 발표하고 이것을 출판하는 자유는 개인의 행위 가운데 타인과 관계되는 영역이기 때문에 다른 원칙에 의해 지배되는 것으로 보일지 모른다. 그러나 이것은 사상의 자유와 거의 유사한 정도로 중요하며, 상당 부분 동일한 근거에 토대를 두고 있으므로 우리는 실제로 사상의 자유와 이것을 분리할 수 없다.

둘째, 이러한 원칙은 자신의 기호를 즐기는 자유와 자신의 목적을 추구하는 자유를 포함한다. 그리고 우리의 생활을 우리의 개성에 따라 설계할 수 있는 자유와 더불어 우리의 행위가 비록 다른 사람들의 눈에는 어리석거나 이상하게 보일지라도 우리가 하는 일이 적어도 그들에게 해를 끼치지 않는 한 그들로부터 아무런 방해를 받지 않고, 그 행위가 가져오는 결과를 우리가 감수하는 한 자신이 원하는 것을 할 수 있는 자유를 포함한다.

셋째, 이 같은 제한 범위 안에서는 각 개인의 자유로부터 이끌어낸 개인들이 서로 결합할 수 있는 자유, 즉 타인에게 손해를 끼치지 않는 한 특정한 목적을 위해 서로 단결할 수 있는 결사의 자유가 생겨난다. 이 경우 단결하는 사람들이 모두 성인이며, 그들은 누구에 의해서도 강제되거나 기만당하지 않아야 한다.

통치 형태가 어떻든 이러한 자유를 존중하지 않는 사회는 자유롭지 못하다. 그리고 자유가 절대적이고 무조건적으로 존재하지 않는 사회 또한 완전하게 자유로운 것이 아니다. 우리가 타인의 행복을 빼앗으려고 하지 않는 한, 또는 행복을 추구하는 타인의 노력을 방해하지 않는 한, 자유라고 부를 만한 가치가 있는 유일한 자유는 우리가 좋아하는 방식으로 우리 자신의 행복을 추구하는 자유다.

모든 개인은 육체적인 건강이든 정신적·영적인 건강이든 적절하게 자신의 건`강을 보호하는 주체다. 개개인이 스스로 좋다고 생각하는 방식대로 생활하도록 내버려 두는 것이 다른 사람들이 좋다고 생각하는 방식대로 살도록 각 개인에게 강제하는 것보다 인류에게 훨씬 더 큰 이익을 준다.

11. 증가일로에 있는, 개인에 대한 국가 권력의 간섭

어떤 사람들은 다소 진부하게 생각할 수 있는 이 이론은 전혀 새로운 것이 아니다. 하지만 (*개인의 행위에 막대한 영향을 미치는*) 현재의 여론과 관행에 대해 이것보다 더 정면으로 반론을 펴는 이론도 없을 것이다.

사회는 모든 사람을 (*그 사회의 지적 능력에 따라 설정한*) 개인적 탁월성과 사회적 탁월성의 기준에 순응하도록 만들기 위해 지속적으로 온갖 노력을 기울여 왔다. 고대 연방 공화국들(그리스 도시 국가들을 말함)은 공적인 권위를 가지고 개인의 모든 행위를 통제할 수 있는 권리가 자신들에게 주어졌다고 생각했다. 그리고 고대 철학자들은 이런 입장을 지지했다. 이는 국가가 시민 개개인의 정신적·육체적 훈련과 깊은 이해관계를 갖고 있다는 근거에서 비롯된 것이다.

하지만 이런 사고방식은 다음과 같은 경우에나 허용할 수 있었다. 강력한 적들에게 둘러싸여서 외부의 공격이나 내부의 소요 사태가 일어나면 언제든지 붕괴할 위험에 처해 있거나, 잠시라도 긴장이 풀어지면 너무나 쉽게 파멸할 수도 있기 때문에 자유가 갖는 건전하고 항구적인 효과를 기대할 여유조차 없는 소규모 공화국들의 경우가 그것이다.

근대에 이르러 정치 공동체의 규모가 한층 더 커졌고, 무엇보다도 종교적인 권위와 세속적인 권위가 분리되었다. 그리고 이런 분리로 인해 인간의 양심을 다스리는 일은 세속적인 일을 맡는 사람들(정치인들)이 아닌 사람들(종교인들)의 손에 들어가게 되었다. 따라서 국가가 법률에 의해 개인의 생활을 사사건건 간섭하는 일은 이제 불가능해졌다. 그러나 이렇게 되자 도덕적 억압을 담당하는 기구들은 지배적인 여론에서 벗어난 견해 중에서 사회적인 문제와 관련된 것보다도 개인과 관련된 부분에서 더욱더 강력한 억제력을 발휘했다. 이런 도덕적 억압 기구 가운데 대표적인 예가 종교였다. 왜냐하면 도덕 감정을 형성하는 여러 요소 중 가장 강력하다고 볼 수 있는 종교는 인간의 행위를 통제하려고 하는 성직자의 정치적 야심이나 청교도 정신에 의해 지배받아 왔기 때문이다.

과거의 종교에 강력하게 반발한 근대의 일부 종교 개혁가들조차도 기성 교회나 기성 종파 못지않게 그들이 인간의 영혼을 지배할 수 있는 권리를 갖는다고 주장했다. 특히 오거스트 콩트(Auguste Comte)가 그런 경우인데, 그의 저서 《실증정치학 체계》에서 기술한 사회 조직은 (*비록 법적인 수단보다는 도덕적인 수단에 의한 것일지라도*) 개인에 대한 사회의 강력한 전제를 확립하는 것이었다. 그러한 사회의 전제는 일찍이 고대 철학자들 중에서도 가장 엄격한 규율주의자들이 의도했던 정치적 이상을 넘어섰다.

이런 개별 사상가들의 독특한 주장은 논외로 하더라도 전 세계에 걸쳐 사회 권력을 여론의 힘, 더 나아가 법률의 힘까지 빌려서 개인에게 부당하게 확장하려는 경향은 더욱 커져 가고 있다. 그리고 세계에서 일어나는 이러한 변화는 사회의 힘을 강화시키는 반면 개인의 힘을 약화시키기 때문에, 개인에 대한 사회 권력의 침해가 감소되기보다는 반대로 가공할 정도로 점점 늘어나고 있다.

일반적으로 사회의 지배자든 일반 시민이든 간에, 인간은 그의 의견이나 기호를 행위의 준칙으로 제시하면서 타인에게 그것을 강제하려는 성향을 지니고 있다. 이러한 성향은 인간의 본성에서 일어나는 최선과 최악이라는 감정에 의해 강력하게 뒷받침되기 때문에, 아예 타인을 강제하려는 권력을 없애는 것 외에 어떤 수단을 가지고도 이를 억제할 수 없다. 그런데 도덕적 확신이라는 공고한 장벽을 쌓아올려 그러한 해악을 방지하지 않는다면 권력은 쇠퇴하기는커녕 도리어 증가 추세에 있기 때문에, 현재 상황으로 볼 때 그 해악이 더욱 증대하는 것을 막으리라고 기대하기는 어렵다.

여기서 곧장 일반론으로 들어가는 대신에 논의의 편의를 위해 한 분야로 한정시켜서 살펴보고자 한다. 그것은 바로 사상의 자유다. 이와 관련한 언론과 저술의 자유는 이것과 분리시켜 논의할 수 없다. 이들 자유는 상당할 정도로 종교적 관용과 자유 제도를 내세우는 모든 국가에서 정치적 도덕성의 한 부분을 형성하고 있다. 그럼에도 일반 사람들은 그 자유의 토대인 철학적·실천적 근거를 파악하지 못하고 있으며, 여론을 선도하는 많은 사람들조차 제대로 이해하지 못하고 있다. 만일 우리가 이러한 근거를 올바르게 이해할 수 있다면, 사상의 자유뿐만 아니라 훨씬 더 크고 넓게 이를 적용할 수 있을 것이다. 따라서 이 부분에 대한 철저한 고찰은 다른 부분을 이해하는 데 최선의 안내가 될 것이라고 생각한다.

제 2 장 _ 사상과 언론의 자유

제2장 _ 사상과 언론의 자유

　제2장에는 《자유론》 가운데 가장 핵심적인 내용이 들어 있다. 밀은 제2장에서 개인의 자유, 특히 사상과 언론의 자유에 대한 자신의 생각을 다양한 논증과 사례를 들어 설명하고 있다. 그러면 밀이 주장하는 자유의 핵심은 무엇인가?

　밀에 따르면 한 사회의 지배적인 여론이든 공권력의 권위든 종교적인 교리든, 그무엇으로도 자신과 다른 의견을 억압하고 누르는 것은 자유에 대한 침해라는 것이다. 더구나 일반 대중은 자신의 의견이 옳다는 확신이 없으면서도 사회적 다수의 의견을 따르기 때문에 밀은 여론이 가질 수 있는 함정을 경계한다. 다수의 생각이나 주장이 진리일 수도 있지만 그렇지 않을 수도 있기 때문이다. 인류 역사를 통해 보면 오히려 진리를 주장한 사람들이 다수의 의견과 배치되는 주장을 했다는 이유로 박해를 받은 사례가 상당히 많았다.

　밀은 반대 의견이 없는 사회는 고인 물처럼 점차 썩어 가는 사회며, 진리에 대한 논증과 토론이 없는 사회는 진리와는 거리가 먼 사회라고 말한다. 그러므로 밀이 내린 결론은 설사 그것이 오류라 해도 다른 의견이나 반대 의견에 대한 관용이 절대적으로 필요하며, 그것을 통해 다수 의견이 지닌 부분적인 진리도 더욱 총체적인 진리로 발전할 수 있다는 것이다. 반대자와의 토론 또는 비판적인 의견에 대한 수용 없이 인류가 진리에 도달하는 것은 아득히 먼 일이라는 게 밀이 강조하는 내용이다. 특히 그는 자신이 몸담고 있었고, 당시 엄청난 권위를 갖고 있던 기독교 교회에 대해서도 정면으로 비판한다. 밀은 "반대 없는 만장일치는 독선이며, 토론 없이 지지되는 주장은 진리가 아니다."라고 마음속으로 외치고 있었을지도 모른다.

　밀은 우리가 흔히 의사 결정 방식으로 채택하는 다수결의 원칙도 문제 삼았다. 다수결의 원칙은 항상 좋은 것일까? 밀은 절대 권력에 의한 언론 통제보다 모든 문제를 다수결의 원칙으로 해결하려는 다수파에 의한 여론몰이를 더욱 나쁘게 보았다. 그 이유가 무엇인지 생각하면서 다음 글을 읽어 보자.

1. 강제력, 그 자체는 정당화될 수 없다

나는 절대 권력을 휘두르는 부패하고 포악한 전제 정부에 대항하기 위해 '출판의 자유'를 주장해야만 하는 시대는 이미 지나 버렸기를 희망한다. 국민의 뜻을 반영해 나랏일을 결정해야 하는 입법부나 행정부가 오히려 국민에게 특정한 정치적 견해나 신조를 강요하는 것에 대해 반대 논리를 펴는 것이 이제 더 이상 필요하지 않다고 생각한다. 더욱이 많은 저술가가 이러한 자유를 너무나 많이 강조했기 때문에 나는 여기서 굳이 더 강조하지 않겠다.

입헌 국가에서 정부—국민에게 책임을 지는 정부든 아니든—가 개인의 사상이나 의견 발표를 통제하려 한다는 우려는 이제 그다지 현실성이 없다. 다만 대중의 의견을 받아들이지 않으며 관용을 보이지 않는 정부를 제외하고 그런 일은 거의 없다.

따라서 정부가 대중의 의사와 완전히 일체가 되어 그들의 목소리라고 합의하지 않는 한 강제력을 행사할 생각이 없다고 가정해 보자. 그러나 나는 대중이, 그들 자신의 힘에 의해서든 정부의 힘을 빌려서든, 개인의 의견 발표를 통제하기 위해 강제력을 행사할 권리를 갖는다는 사실을 부정한다. 왜냐하면 어떤 경우에도 강제력 자체는 정당화될 수 없기 때문이다. 최악의 정부와 마찬가지로 최선의 정부도 강제력을 행사할 권리를 부여받은 것은 아니다.

강제력이란 공공 여론에 편승해서 행사될 경우에 그것에 반해서 행사될 때 못지않게 해가 되거나 오히려 더 해롭다. 가령 한 사람만이 반대 의견을 갖고 있고 다른 모든 사람이 같은 의견을 가지고 있다고 해 보자. 이때 그 한 사람이 권력을 장악해서 자신과 생각이 다른 전 인류를 침묵하게 하는 일이 부당하다는 것은 너무나 자명한 이치다. 이와 마찬가지로, 전 인류가 그들과 반대되는 의견을 가진 한 사람을 침묵하게 하는 것 또한 부당한 일이다.

만일 어떤 의견이 당사자 이외의 누군가에게는 아무런 가치를 지니지 못하는 개인적인 것이라면, 그리고 만일 그 의견에 대한 방해가 단순히 개인적인 손해에 불과한 것이라면, 그 손해가 몇몇 사람에게만 미치느냐 또는 많은 사람에게 미치느냐라는 약간의 정도 차이만 있을 것이다. 그러나 의견 발표를 억압함으로써 생기는 해악은 현세대와 차세대를 포함한 전 인류의 행복을 빼앗는다는 점에 있다. 그리고 그 해악은 의견을 제시한 사람들보다 오히려 반대하는 사람들에게 미치는 영향이 훨씬 더 크다는 점에 있다.

만일 그 의견이 옳은 것이라면, 인류는 오류를 버리고 진리를 발견할 수 있는 기회를 상실하게 된다. 만일 그 의견이 잘못된 것이라면, 진리가 오류와 충돌하면서 생겨나는 더한층 명확한 진리에 대한 생생한 인식이나 더 선명한 인상이라는 이익을 잃어버리게 된다.

이런 두 가설을 각각 분리해서 살펴볼 필요가 있는데, 그 이유는 두 가설이 서로 다른 논의의 영역을 갖고 있기 때문이다. 우리는 우리가 침묵시키려는 의견이 잘못된 것이라고 확신할 수 없으며, 만에 하나 우리가 그렇게 확신하더라도 그것을 침묵시키는 것은 여전히 해악이다.

첫째, 권위에 의해 억압받는 의견이 진리일지도 모른다. 물론 그 의견을 억압하려는 사람들은 그것이 진리라는 사실을 부정할 것이다. 하지만 그들이 항상 옳은 판단을 하는 것은 아니다. 그들이 전 인류를 대신해서 어떤 문제를 결정할 권리를 갖고 있지 않으며, 다른 모든 사람의 판단 능력을 무시하고 배제할 권위를 지니고 있지도 않다. 어떤 의견이 잘못된 것이라고 확신한다고 해서 그 의견에 귀 기울이기를 거부한다면, 그것은 '자신들의 확신'을 '절대적 확실성'과 동일시하는 것이다. 토론을 침묵시키려 드는 모든 행위는 자신의 무오류성을 가정한 것이다.

2. '세상' 일반의 절대 무오류성에 대한 믿음

상식적으로, 사람들은 자신이 잘못을 저지를 수 있다는 사실을 이론적으로는 인정한다. 하지만 불행하게도 실제로 어떤 판단을 내릴 때는 이런 오류 가능성을 중요하다고 보지 않는다. 왜냐하면 자신이 오류를 쉽게 범할 수 있으리라는 사실은 인정하지만, 그러한 과오를 범하지 않기 위해 반드시 어떤 예방책을 마련해야 한다고는 생각하지 않기 때문이다. 또한 자신이 확실하다고 믿는 의견이 사실은 자기도 범할 수 있는 과오의 한 예일 수 있다고 가정하는 사람도 거의 없기 때문이다.

절대 군주나 무제한적인 존경에 익숙해진 사람들은 거의 모든 주제에 관한 자신들의 의견에 대체로 이와 같은 완벽한 신뢰감을 갖고 있다. 가끔은 누군가가 자신의 의견에 반박하는 것을 듣고 잘못되었다고 생각되면 그것을 어느 정도 정정하기도 하는, 그런 보다 행복한 환경에 처한 사람들은 자기 주위에 있거나 자기가 일상적으로 존경하는 사람들이 공유하는 의견에 대해서만 마찬가지로 무조건적으로 신뢰한다. 왜냐하면 사람은 자신의 판단에 대한 확신이 없으면 없을수록, '세상' 일반의 절대 무오류성을 맹목적으로 믿기 때문이다. 그리고 각 개인에게 이른바 '세상'이란 그가 접촉하는 세계의 일부, 즉 그가 속해 있는 당파, 종파, 교회, 사회 계급 등을 뜻한다.

'세상'이라는 말을 자신의 조국 또는 자신의 시대 정도로 넓게 생각하는 사람은 비교적 자유롭고 도량이 넓다고 할 수 있다. (*일반적으로 사람들은*) 자신이 속한 집단의 권위에 대한 신뢰가 너무나 강해서 다른 시대, 국가, 종파, 교회, 계급에 속한 사람들이 자신들과 정

반대의 것을 믿고 지금까지도 여전히 그렇게 생각한다는 사실을 알더라도 조금도 흔들리지 않는다. 그는 자신과 의견을 달리하는 다른 사람들의 '세상'에 맞서 자기의 견해가 정당하다고 생각한다. 이러한 경우 그는 그렇게 생각하는 책임을 자기가 속해 있는 '세상'에 떠넘긴다. 다양한 '세상' 가운데서 어떤 것이 그가 신뢰하는 세상인가 하는 점은 아주 우연히 결정된다는 사실에 대해 그는 전혀 곤혹스럽게 생각하지 않는다. 그리고 그가 런던에서 태어나 자랐기 때문에 영국 국교를 믿었지, 만일 베이징에서 태어나 자랐다면 불교도나 유교도가 되었을 것이라는 사실에 대해서도 전혀 곤혹스럽게 생각하지 않는다.

그러나 시대라는 것도 개인 못지않게 잘못을 저지르기 쉽다는 사실은 길게 설명할 필요도 없이 너무나 명백하다. (*역사적으로 살펴보면*) 어느 한 시대에 주장했던 의견이 후대에 와서 거짓이나 불합리한 것으로 드러난 경우가 수없이 많다. 과거에 일반적으로 받아들여졌던 많은 의견이 지금 시대에 와서 인정받지 못하는 것처럼, 현재 받아들여지는 지배적인 의견도 미래에는 거부될지 모른다.

물론 이 같은 논의에 대해 제기할 수 있는 반론은 아마도 다음과 같은 형태를 취할 것이다.

행정 관청이 자신의 판단과 책임 아래 집행하는 어떤 일보다 잘못된 의견(오류)의 확산을 막는 일에서 (*절대적으로 옳다고 믿는*) 무오류성을 가정하는 것은 매우 중요하다. 그런데 판단력이란 인간이 사용하기 위해 존재하는 것이다. 사람들이 그들의 판단력을 잘못 사용할지도 모를 염려가 있다고 해서 그것을 전혀 사용하지 말아야 하는가?

사람들이 해악을 끼친다고 생각하는 것을 막으려는 것은 그들 자신의 무오류성을 주장하는 것이 아니다. 그것은 비록 오류가 있을지라도 자신의 양심이 명하는 바에 따라 행동해야 하는 그들의 의무를 수행하는 것이다. 만일 우리가 자신의 의견이 틀릴지 모르기 때문에 그에 따른 행위를 일체 하지 말아야 한다고 주장한다면, 우리는 자신의 이익을 전혀 고려하지 않아야 하며 우리의 의무를 하나도 수행하지 않은 채 방치하면서 살아야 한다.

어떤 비판이 모든 행위에 대해 타당하다고 해서 각각의 개별적인 행위에 대해서도 합당하다고 할 수는 없다. 가능한 한 가장 진실한 의견을 형성하려고 노력하고, 그것을 조심스럽게 내세워 올바르다는 완벽한 확신이 서지 않는 한 결코 다른 사람에게 강제하지 않는 것은 정부의 의무일 뿐만 아니라 개인의 의무이기도 하다. 그러나 그들의 의견에 확신이 설 때 오늘날에는 진리라고 받아들이는 어떤 의견이 미개했던 시대에 박해받은 적이 있다는 이유로, 사람들이 그 의견에 따라 행동하기를 주저하거나 진심으로 인류 복지에 위험하다고 생각되는 주장들이 아무런 제제도 받지 않고 퍼져 나가는 것을 허용하는 것은 양심적인 행동이 아니다. 그것은 비겁한 태도일 뿐이다.

똑같은 실수를 반복하지 않도록 주의하자고 말할지도 모른다. 그러나 국가는 권력을 행사하는 데 적합하다고 생각되는 다른 일에서조차 실수를 저질러 왔다. 그들은 부당한 세금을 매겼으며, 정의롭지 못한 전쟁을 감행했다. 그렇다고 해서 정부가 결코 세금을 부과해서는 안 되며, 어떠한 도발이 있어도 전쟁을 해서는 안 되는 것인가?

사람들이나 정부는 최선을 다해서 행동해야 한다. 절대적 확실성은 존재하지 않지만, 인간 생활의 목적을 달성할 만큼의 충분한 보증, 즉 어느 정도의 확신은 존재한다. 우리는 우리들 자신의 행동을 잘 인도하기 위해 우리의 의견을 진리라고 가정할 수 있고, 또한 그렇게 해야 한다. 그리고 우리가 허위라거나 해가 있다고 판단하는 의견을 널리 전파함으로써 사회를 그릇된 길로 이끄는 악인에게 제재를 가할 때도 이 이상의 가정을 하는 것은 아니다. (*다시 말해 우리의 의견이 옳다는 어느 정도의 확신을 가지고 행위하는 것이지 그것이 절대적으로 옳다는, 그래서 우리의 의견에는 절대로 오류가 있을 수 없다는 무오류성을 전제하는 것은 아니다.*)

3. 토론의 자유와 비판에 대해 열려 있는 입장이
   진리를 향한 길이다

어떤 의견이 여러 차례 논쟁거리가 될 기회가 있었지만 논박되지 않았다는 이유로 그것을 진리라고 가정하는 것과, 논박되는 것 자체를 허용하지 않을 목적으로 그것을 진리라고 가정하는 것 사이에는 너무나 큰 차이가 있다.

우리가 어떤 의견을 반박하고 반증할 수 있는 자유를 완전하게 지닌다는 사실을 인정하는 것이 우리 자신의 의견이 진리라는 것을 정당화시켜 주는 조건이다. 그리고 만일 그것이 없다면, 전능한 신이 아닌 상대적인 능력밖에 지니지 못한 인간으로서 다른 방법으로는 자신의 의견이 정당하다는 것을 보장받을 길이 없다.

우리가 의견의 역사나 인간 생활의 일상사를 돌이켜 볼 때, 오늘날만큼이나 진보된 것은 무엇 때문일까? 인간의 오성 안에 들어 있는 타고날 때부터 지닌[天賦] 힘 때문이 아닌 것은 분명하다. 왜냐하면 뻔하지 않은 어떤 문제를 올바르게 판단할 수 있는 사람은 백 사람 중에 한 사람 정도이며, 그나마 그 한 명의 판단도 상대적인 것에 불과하기 때문이다. 뿐만 아니라 과거 모든 시대를 거슬러 살펴보면, 뛰어난 사람 대부분이 오늘날 잘못된 것으로 판명된 많은 의견을 그 당시에는 옳다고 주장했고, 오늘날에는 그 누구도 정당하다고 인정하지 않는 많은 일들에 찬성했기 때문이다.

그렇다면, 전체적으로 볼 때 합리적인 의견과 행위가 사람들에게 우월성을 갖는 이유는 무엇일까? 만일 이 우월성이 실제로 있다면, 그것은 인간 정신이 지니고 있는 어떤 특성에서 비롯된 것일 것이다. 그 특성이란 지적인 존재이자 도덕적인 존재인 인간이 존중받는 모든 것의 원천, 다시 말해 그 자신의 오류를 정정할 수 있는 능력을 말한다.

사람은 자신의 잘못을 토론과 경험을 통해 바로잡을 수 있는 능력을 지니고 있다. 사실 잘못을 고칠 수 있는 능력은 경험만으로는 충분하지 않다. 경험이 어떻게 해석되어야 하는지를 밝히기 위해서는 반드시 토론이 필요하다. 잘못된 의견과 이에 근거한 행위는 점차 경험을 통해 밝혀진 사실과, 토론에서 행해진 논증 앞에 굴복할 수밖에 없다. 그러나 사실과 논증이 인간 정신에 어떤 결과를 가져오기 위해서는 그것들을 인간의 지적 능력 앞에 제시해서 판단해야 한다. 사실이라 할지라도 우리가 그것을 해석하지 않으면, 우리는 아무것도 말할 수 없다. 따라서 인간의 판단이 지니고 있는 힘은 판단이 잘못되었을 때 그것을 옳은 것으로 고칠 수 있다는 인간의 유일한 특성에 달려 있다. 그 때문에 오직 인간의 판단을 고쳐서 바로잡을 방법이 항상 갖추어져 있을 때만 비로소 인간의 판단을 믿을 수 있다.

어떤 사람의 판단을 정말로 믿을 수 있다고 생각하는 경우, 어떻게 그렇게 된 것일까? 그것은 자신의 견해와 행위에 대한 비판을 그가 항상 마음을 열어 놓고 받아들였기 때문이다. 다시 말해 그는 그의 견해와 행위에 던져진 모든 반대 의견을 조심스럽게 경청하고, 그 중에서 옳은 의견은 받아들여 스스로를 이롭게 했고 틀린 의견은 그것이 틀린 이유를 스스로에게 깨우치도록 했으며, 때로는 타인에게 설명하는 것을 습관화해 왔기 때문이다. 또 어떤 사람이 특정한 주제 전체를 대략적으로 알 수 있는 유일한 방법은 다양한 의견을 지닌 사람들이 그 문제에 대해 언급하는 것을 귀담아듣고, 다양한 정신을 가진 사람들이 그것에 접근하는 모든 양상을 연구하는 데 있다는 사실을 피부로 느꼈기 때문이다.

이 외의 방법으로 진리를 얻는 사람은 일찍이 없었으며, 또한 이 외의 방법으로 현명해지는 것은 인간의 지적 능력 밖의 일이다. 다른 사람의 의견과 자신의 생각을 비교하고 수정하면서 자신의 의견을 점차 완성해 가는 일을 지속적인 습관으로 만드는 것은 그것을 실행에 옮길 때 의심을 품거나 주저하게 하는 것이 아니라 오히려 자신의 의견에 정당한 신뢰감을 갖게 하는 확실한 근거가 된다. 왜냐하면 적어도 그는 자신에게 제시되는 모든 반대 의견을 알고 있으며, 모든 반대자들을 반박하는 자신의 입장을 정립해 왔기 때문이다. 다시 말해 그는 자신의 의견에 대한 비판을 회피하기보다 이에 정면으로 맞

섰고, 그 주제에 대해 다양한 측면에서 제시된 여러 의문을 차단하지 않았기 때문이다. 그러므로 그는 자신의 판단을 그와 유사한 과정을 겪지 않은 다른 개인이나 집단의 판단보다 더 높이 평가할 권리를 지닌다.

4. 오류 가능성을 지닌 인간이
진리를 발견해 가는 최선의 방법

가장 관용적이지 못한 태도를 지닌 로마 가톨릭에서조차 어떤 사람을 성인(聖人)의 반열에 올릴 때는 거치는 의식이 있다. 그것은 그에 대해 이러저러한 좋지 않은 말을 전하는 '악마의 대변자'를 불러들여 그의 주장을 참을성 있게 들어 보는 것이다. 설사 그가 사람들 가운데서 가장 성스러운 사람일지라도 사악한 악마가 그에 대해 평가하는 나쁜 말이 있을 수 있다. 이렇게 (그를) 비판하는 모든 말을 들어 보고 신중하게 평가하기 전에는 그에게 주어진 성인이라는 사후의 영예를 인정하지 않는다. 아이작 뉴턴(Isaac Newton, 1462~1727)의 철학도, 만일 그것에 대해 사람들이 의문을 제기할 수 없었다면 인류는 그 이론의 진실성을 오늘날처럼 확신할 수 없었을 것이다.

우리가 확실한 근거를 가지고 있는 신념조차도 혹 그것을 반박할 근거가 있을 수 없다는 것을 증명할 방안을 마련하기 위해 전 세계에 지속적으로 초청장을 보내야 한다. 그러한 방안 외에 우리의 신념이 확실하다는 것을 보장할 수 있는 안전장치는 없기 때문이다. 가령 그런 도전이 받아들여지지 않았거나, 받아들여졌지만 그 도전을 물리치려는 시도가 실패에 그쳤다면 아직은 확실성을 주장할 수 있는 단계와는 거리가 있다. 그러나 우리는 인간의 이성이 할 수 있는 한도 안에서 최선을 다해야 한다. 또한 우리에게 진리를 밝힐 수 있도록 주어진 어떤 기회도 소홀히 다루지 않아야 한다.

만일 토론의 장이 계속 열려 있다면, 우리가 희망하는 것이 더 나은 진리가 존재하는 경우라면, 인간 정신이 그것을 받아들일 때가 되면 그것이 발견될 것이라는 사실이다. 그리고 진리가 발견되기까지 그동안 우리는 우리 시대에서 발견할 수 있는 진리에 접근했다고 믿어도 좋을 것이다. 이것이 오류를 범할 수 있는 인간이 진리에 이를 수 있는 가장 확실한 최선의 방안이며, 그런 확실성에 도달하는 유일한 방법이기도 하다.

이상하게도 사람들은 의심의 여지가 있는 모든 문제에 대해 자유롭게 토론해야 한다고 생각하면서도, 그 논의들이 극단으로 치닫는 것에는 반대한다. 여기서 그들이 깨닫지 못하는 것은 극단적인 논의에 합당하지 못한다면 어떤 경우에도 합당하게 받아들일 수 없다는 사실이다. 또한 어떤 특정한 원리나 학설은 그것이 매우 확실하다는 이유로, 그것에 의문을 가져서는 안 된다고 말한다. 그렇게 말하는 것이 스스로 절대 무오류성을 가정하는 것인데도 그들은 스스로 그렇지 않다고 말한다. 정말 이상하지 않은가.

어떤 명제의 확실성을 부정하는 것이 허용된다면 그렇게 하고 싶지만, 실제로 허용하지 않기 때문에 그것을 확실한 것으로 선언하는 것은 우리 자신과 우리와 생각을 같이하는 사람들이 명제의 확실성을 판단하는 사람들이라고 가정하는 것이다. 이는 또한 우리가 우리와 생각이 다른 사람들의 견해에 귀를 기울이지 않고 판단할 수 있는 사람들이라고 가정하는 것이다.

5. 의견에서 진실성과 유용성은 분리할 수 없다

'신념이 부족하고 회의에 위협받는' 시대라고 불리는 지금, 우리 시대의 사람들은 자신의 의견을 진리라고 확신하기보다 오히려 그러한 의견이라도 없으면 무엇을 해야 할지 모른다. 이러한 분위기에서 일반 대중의 공격으로부터 어떤 한 개인의 의견을 보호해야 한다고 주장하는 것은 그 의견이 진실이기 때문이어서가 아니라 오히려 그것이 사회에 대해 갖는 중요성 때문이다.

어떤 이들은 사회 복지에 반드시 필요하다고 할 수는 없지만 상당히 유용한 신념을 옹호하는 것은 다른 어떤 이익을 보호하는 것과 마찬가지로 정부의 의무라고 말한다. 이와 같은 필요성이 제기되고 그것이 직접적으로 정부의 의무라고 볼 수 있는 경우에는, 사람들은 정부가 인류의 여론에 의해 확인된 정부의 의견에 따라 그것을 구현하기 위해 행동하고 심지어는 구속까지 할 수 있다고도 말한다. 이런 주장은 거의 무오류성에 가까울 만큼 확실하다는 것이다. 오직 사악한 사람들만이 이런 건전한 신념을 약화시키려 한다는 주장이 수시로 제기되고 있다. 따라서 사회가 그처럼 신념을 약화시키려는 악의적인 사람에게 제재를 가하는 것은 잘못이 아니라고 생각한다.

이와 같은 사고방식에 따르면, 토론에 대한 제한을 정당화하는 문제는 그 주장의 옳고 그름의 문제가 아니라 그것이 유용한가 아닌가의 문제가 되어 버린다. 그리고 그렇게 함으로써 자신이 어떤 의견을 오류가 없다고 잘못 판단한 책임을 벗어난 것에 대해 자랑하기도 한다. 그러나 이런 사고방식에 젖어 있는 사람은 절대 무오류성의 가정이, 단순히 어느 한 점에서 다른 점으로 옮겨진 것에 불과하다는 사실을 알지 못하는 것이다. 왜냐하면 어떤 의견이 사회적으로 유용하다는 것은 그 자체가 하나의 의견일 뿐만 아니라 의견 자체만큼이나 반박될 수 있으며, 또 하나의 논쟁거리가 될 수 있기 때문이다.

비난받는 어떤 의견(을 가진 사람)이 스스로를 변호하기 위해 충분히 기회를 갖지 않는 한, 그 의견을 해로운 것이라고 결정하기 위해서는 그것이 틀렸다고 판단할 때와 마찬가지로 절대적으로 오류를 범하지 않는 판단을 필요로 한다. (*그런데 오류 없이 판단할 수 있는 사람이 이 세상에 있는가?*)

또한 의견의 진실성은 그것의 유용성을 이루는 중요한 요소다. 만일 어떤 주장을 믿는 것이 바람직한가의 여부를 결정하고자 할 경우, 그 주장이 진실한지 그렇지 못한지가 고려 대상에서 제외할 수 있을까? 사람들의 견해에 따르면, 진리와 상반되는 신념은 전혀 쓸모가 없다. 다른 사람으로부터 유용하다고 들었지만 자신이 허위라고 생각하는 주장을 사람들이 부정했다는 죄로 문책을 당하게 되는 경우를 가정해 보자. 그들이 그 주장은 진실하지 않기 때문에 쓸모가 없다고 주장하는 경우, 당신은 과연 무슨 재주로 그들의 호소를 막을 수 있겠는가? (*이렇게 공리의 문제는 진리의 문제와 완벽하게 분리되지 않는다는 것을 알 수 있다.*)

6. 절대 무오류성의 가정이 빚어낸 역사상의 오류들

어떤 의견을 옳지 않다고 판단할 경우, 우리는 그 의견에 귀를 기울이려고 하지 않는다. 이럴 때 해악이 발생한다는 것을 증명하기 위해 나는 이 문제를 구체적인 경우로 한정해서 살펴보겠다.

나는 일부러 나에게 가장 불리한 예를 들어 보겠다. 즉, 의견의 자유에 반대하는 주장 가운데 진실성과 유용성 측면에서 가장 강력하다고 여겨지는 사례를 들어 볼 것이다. 공격 대상이 되는 의견이 신과 내세에 관한 신앙 또는 일반적으로 수용되는 도덕 학설(예를 들면 "대접받고 싶은 대로 대접해 주어라."라는 주장)에 관한 것이라고 하자.

이와 같은 문제에 대해 상대방은 다음과 같이 말할 것이기 때문이다.

"당신은 이러한 도덕 법칙이 법의 보호를 받을 정도로 충분히 확실하다고 생각하지 않는다는 말인가? 신에 대한 신앙도 당신이 주장하는 바대로 절대 무오류성을 가정하는 의견들 가운데 하나인가?"

그러나 이 물음에 대해 내가 다음과 같이 말하는 점을 양해해야 한다. 내가 말하는 '절대 무오류성의 가정'이라는 것은 그것이 어떤 것이든 한 이론에 대해서 느끼는 확신을 의미하는 것이 아니다. 그것은 그 이론을 반대하는 사람들 편에서 제기할 수 있는 비판은 들으려 하지 않으면서 (*마치 그들을 위하는 것인 양*) 다른 사람들을 위해서 그 문제를 결정하려고 하는 시도를 의미한다.

한 사람이, 어떤 의견이 지닌 허위성과 그것의 유해한 결과, 나아가 내가 가장 혐오하는 표현을 빌리자면 부도덕성과 불경함에 대해 아무리 설득력 있게 말한다 하더라도, 그가 그러한 개인적인 판단을 확신한 나머지 그 의견을 말한 사람이 다른 사람들에게 스스로를 변호할 기회를 막는다면, 그의 판단이 그의 조국이나 동시대인의 보편적인 판단에 의해 지지받는다고 하더라도 그는 절대 무오류성을 가정하는 것이다. 그리고 어떤 의견이 부도덕하다거나 불경한 것으로 여겨지는 경우, 무오류성의 가정이 지니는 부당함과 위험성은 감소하기는커녕 오히려 가장 치명적인 것이 되고 만다. (*불경하다는 이유로 자행된 마녀사냥과 같은 역사적인 잘못을 우리는 너무나 잘 알고 있다.*) 바로 이런 것들이 과거 한 시대의 사람들이 저지른 실수가 다음 시대의 사람들에게 경악과 공포를 불러일으키는 경우였다.

법을 무기 삼아 훌륭한 지성인을 탄압하고 탁월한 이론을 배척하고자 했던 기억에 남을 만한 역사적 사례들은 이런 경우에 속한다. 이런 경우 훌륭한 사람들을 탄압하고 탁월한 이론을 배척하는 데는 비극적으로 성공을 거두었다. 그리고 그런 이론 중 일부는 여전히 남아서 마치 사람들을 우롱하듯이 그 이론을 반대하는 자들이나 그 이론에 대한 일반적인 해석을 거부하는 사람들을 탄압하는 데 동원되고 있다.

소크라테스의 사형

소크라테스와 그가 살았던 시대의 법관이나 공공 여론 사이에 있었던 유명한 갈등은 우리 인류가 영원히 기억해야 할 사건이다. 그는 시기적으로나 지역적으로 훌륭한 사람들이 많았던 곳(고대 그리스 아테네를 말함)에서 태어났고, 그와 그 시대를 잘 아는 사람들에 의해 많은 사람 가운데 가장 덕망이 높은 사람으로 우리에게 전해져 온다. 또한 우리는 그가 덕을 가르치는 후세 교사들의 시조이자 원형이며, 윤리학뿐만 아니라 모든 다른 학문의 2대 원조로 불리는 플라톤의 숭고한 영감과 '학자 중의 학자'인 아리스토텔레스의 현명한 공리주의의 원천이었다는 사실을 알고 있다. 그의 명성은 2천여 년이 지난 지금도 더욱 높아 가고 있으며, 그의 고국에 빛을 더해 준 다른 위대한 사상가들보다 더 강한 빛을 발하고 있다. 그 뒤의 시대를 살았던 많은 훌륭한 사상가들이 정신적 스승으로 인정하는 이 사람은 신앙심이 없고 부도덕하다는 죄목으로 사법 재판을 받고 동포들에 의해 처형되었다. 그를 기소한 사람들이 그가 신앙심이 없다고 한 것은 그가 국가에서 인정하는 신들을 부정했기 때문이다. 실제로 그를 고발한 사람들은 그가 신을 전혀 믿지 않았다고 주장했다. 또한 그가 부도덕하다는 것은 그의 학설과 가르침을 따르던 당시 아테네의 젊은이들이 그로 인해 타락했다는 것이다. 아테네 법정은 그의 기소에 믿을 만한 모든 근거가 있었기 때문에 그에게 유죄를 선고했다. 법정은 모든 인류 가운데 아마도 최고의 평가를 내려야 할 그 사람을 범죄자로 인정해 사형에 처하고 말았다.

예수의 사형

사법상의 부정의가 자행된 또 다른 예로 이야기를 옮기자면, 지금으로부터 약 1천 8백 년 전에 갈보리 산상에서 일어난 일이다. 이 사건은 소크라테스의 처형 사례가 거론된 이후지만 그 극적인 효과는 전혀 반감되지 않는 경우다. 그의 생애 및 그의 말을 직접 접한 사람들의 기억 속에서 그는 도덕적 위대함의 상징으로 각인되었기 때문에 그의 사후 18세기 동안이나 인간의 형상을 한 신으로 추앙받아 왔다. (그렇다면) 그를 불명예스럽게 처형한 죄목은 무엇이었을까?

그것은 신을 모독했다는 것이다. 사람들은 자신들의 은인이었던 그(예수)의 참모습을 보지 못하는 오해 정도가 아니라, 오히려 그를 정반대의 인물로 착각하고 불경의 화신으로 여겼다. 예수를 그렇게 대접한 사람들은 바로 그 이유로 오늘날 불경죄를 범한 사람들로 몰리고 있다.

오늘날 인류가 통탄할 만한 일로 여기는 이 사건들, 특히 예수의 처형에 대해 느끼는 감정 때문에, 악역을 맡았던 사람들에 대한 오늘날의 평가는 극단적으로 불공정하다. 그 사람들은 어느 면으로 보나 나쁜 사람들이 아니었으며, 보통 사람보다 악하지 않았고 오히려 그 반대였다. 그들은 그들이 살던 시대와 민중이 품었던 종교적·도덕적·애국적 감정으로 충만했을 뿐이다. (그들은) 우리 시대를 포함한 모든 시대에 걸쳐 비난받지 않고 존경받는 인생을 꾸려 나갈 수 있었던 바로 그런 사람들이었다.

유대 사상에 따른다면 예수가 당시로서는 극악무도한 죄가 되는 말을 했을 때, 대제사장이 자신의 성의를 찢으면서 분노하는 것은 당연했다. 그의 분노는 오늘날 우리가 존경하는 경건한 사람들이 고백할 때 느끼는 종교적·도덕적 감정과 마찬가지로 마음속에서 진정으로 우러나온 것이었다. 오늘날 그 대제사장의 행위에 전율을 느끼는 사람들 대부분도 만일 그 시대에 유대인으로 태어났다면, 그와 똑같이 행동했을 것임에 틀림없다. 초기의 순교자들에게 돌을 던져 죽인 사람들이 자기네들보다 나쁜 인간이었다고 생각하는 정통파 그리스도교도들은, 이와 같은 박해자들 가운데 한 사람이 사도 바울이라는 사실을 상기할 필요가 있다.

마르쿠스 아우렐리우스의 그리스도교 박해

만일 잘못을 범한 사람의 지식과 덕의 크기로 그가 범한 잘못의 인상을 결정하는 것이라면, 가장 충격적인 사례 하나를 들어 보기로 하자. 권력을 가진 사람으로 가장 선량하고 개명(開明)한 인물을 과거의 역사 속에서 찾는다면, 그는 황제 마르쿠스 아우렐리우스(Marcus Aurelius, 121~180)일 것이다. 그는 당시 문명 세계의 절대 군주로서 완벽할 정도로 정의로웠으며, 아파테이아(apatheia, 무감동)를 이상으로 하는 스토아 철학에서는 발견하기 어려울 정도의 부드러운 성품을 지녔다. 어쩌면 그가 저지른 몇 안 되는 실책은 모두 그의 부드러움과 관대함에서 비롯되었을지도 모른다.

고대 정신사에서 최고의 윤리적 결정체인 그의 저술들은 예수의 가르침과 차이가 있다고는 하나 그 차이는 거의 표가 나지 않을 정도다. 그는 그리스도교 교리의 측면에서 본다면 결코 그리스도교도가 아니었다. 하지만 그는 예수 사후의 지배자들 가운데 그리스도교적 군주를 자처하는 그 어떤 인물보다 더 훌륭한 그리스도인이었다. 그런데 바로 이 사람이 그리스도교를 박해한 것이다. 그는 자기 이전에 인류가 성취한 모든 결실의 최고봉에 서서 아무런 편견 없이 자유로운 지성과 인격을 통해 그의 이상을 구현하고자 했고, 그 속에 그리스도교적인 이상도 포함되어 있었다. 그런데도 그의 마음속 깊이 박혀 있는 이 세상에 대한 의무감 때문에 이 세계에서 그리스도가 선일지언정 악이 될 수는 없다는 사실을 인식하지 못했다.

그는 당시 사회가 개탄스러운 상태에 있다는 것을 잘 알고 있었다. 그러나 그렇다고 해도 공인된 여러 신에 대한 신앙으로 인해 당시 사회는 어쨌든 유지되고 있다고 생각했다. 또한 그 사회가 더 이상 악화되지 않는 것도 그 때문이라고 여겼다. 그는 인류의 지도자로서 당시 사회를 산산조각으로 붕괴시키지 않는 것이 자신의 의무라고 인식했다. 그리고 당시 사회를 결속시키던 유대 관계가 해체될 경우, 어떤 방법을 써서 그것을 재결합시킬 수 있는 새로운 질서를 세울 것인지에 대해 알지 못했다.

　그는 새로운 종교, 즉 그리스도교가 공공연하게 당시 사회의 유대 관계를 해체한다고 여겼다. 따라서 그가 이 새로운 종교를 받아들여야 할 의무를 지니지 않는 한 자신의 의무는 그것을 억압하는 것이라고 판단했다. 그는 그리스도교 신학이 진실하고 신성한 기원을 가진 것이라고 생각하지 않았다. 따라서 십자가에 못 박힌 '예수 그리스도'의 불가사의한 역사는, 그로서는 믿기 어려운 것이었다. 그는 전혀 믿을 수 없는 이러한 근거에 전적으로 의존하는 그리스도교가 사회의 개혁 세력이 되리라는 것을 짐작조차 할 수 없었다. 그래서 철학자들과 통치자들 가운데 가장 너그럽고 가장 온화한 인품을 지닌 그가 엄숙한 시대적 사명을 갖고 그리스도교를 박해했던 것이다.

　나는 그것이 인류 역사상 가장 참담한 비극 중의 하나라고 생각한다. 만일 그리스도교의 신앙이 콘스탄티누스 대제가 아니고 마르쿠스 아우렐리우스 황제 치하에서 로마 제국의 종교로 채택되었다면, 세상이 지금과는 얼마나 다르게 변했을까를 생각하면 비참한 일이다.

　그런데 그리스도교도가 반그리스도교적인 가르침을 처벌하기 위해 주장했던 구실은 아이러니하게도 대부분 마르쿠스 아우렐리우스가 그리스도교의 포교를 처벌할 때 내세웠던 구실과 다를 바가 없다. 이런 사실을 부정한다면, 그에 대한 공정한 평가가 이루어지지 않을 뿐만 아니라 진실에도 위배된다. 그리스도교도들은 무신론은 잘못된 것이며, 이는 사회를 붕괴시킬 것이라고 굳게 믿는다. 이와 마찬가지로 마르쿠스 아우렐리우스도 그리스도교가 그럴 것이라고 생각했다. 당시에 살던 모든 사람 가운데서 그리스도교를 가장 바르게 평가할 만한 능력을 지녔던 것으로 생각되는 그가 그렇게 확신했던 것이다.

의견 발표를 억압하는 것에 대해 찬성하는 사람은, 만일 그 자신이 마르쿠스 아우렐리우스보다 현명하고 선량한 인간이라고 자만하지 않는 한, 자신의 시대에 대한 예지력이 뛰어나고 일반인보다 지적으로 우수하며 진리에 헌신하고 열중한다는 점에서 마르쿠스 아우렐리우스를 능가한다고 자만하지 않는 한, 자신과 일반 대중의 의견에 전혀 오류가 없다고 확신하는 일은 삼가야 한다. 위대한 마르쿠스 아우렐리우스도 그와 같은 절대 무오류성을 가정했기 때문에 불행한 결과를 초래했던 것이다.

7. 진리는 박해와 싸워 항상 승리하는가?

종교의 자유를 부정하는 사람들은 반종교적인 의견을 억압하기 위해 형벌을 사용해도 좋다고 하는 주장이 마르쿠스 아우렐리우스를 정당하다고 여기는 이론과 같다는 사실을 깨달아야 한다. 이들은 강력하게 추궁하면 이처럼 불행한 결과를 어쩌다 인정하기도 하지만, 궁지에 몰릴 때면 존슨 박사(Samuel Johnson, 1709~1784, 18세기 영국의 사전 편찬자이자 비평가)와 더불어 다음과 같이 말한다.

"그리스도교 박해자들은 정당했다. 왜냐하면 박해는 진리가 반드시 통과해야 하는 시련이며, 진리는 언제나 그것을 무사히 통과한다. 법적 형벌은 잘못을 징계한다는 측면에서 효과가 있을지는 모르지만, 진리에 대해서는 궁극적으로 무력하다."

이것은 종교적인 불관용을 옹호하는 논의 가운데 매우 주목할 만한 것이기에 비중 있게 다루어야 한다.

박해는 결국 진리에 대해 아무런 위해도 가할 수 없기 때문에 진리가 어느 정도 박해를 받는다 해도 이는 부당한 것이 아니라는 이론이다. 이 이론이 새로운 진리를 받아들이는 데 고의적인 적대감을 보인다고 비난할 수는 없지만, 인류에게 새로운 진리를 밝혀 준 사람들을 결코 관대하게 대했다고 칭찬할 수도 없다. 지금까지 알려지지 않던 것을 새롭게 이 세상에 밝히는 일, 중대한 문제에 대해 일반 사람들이 잘못 알고 있던 사실을 세상에 밝히는 일은, 한 인간이 전 인류에게 베풀 수 있는 위대한 공헌이 아니던가.

그런데 이 이론에 따르면 역사 속에서 이처럼 훌륭한 은혜를 베푼 사람들은 억울하게 순교했을 뿐만 아니라 범죄자, 그 가운데서도 극악무도한 흉악범으로 홀대를 받아야 한다는 것이다. 더구나 이러한 사실은 인류가 삼베옷을 입은 채 재를 덮어쓰고 통곡해야 할 만큼 한탄스러운 불행이 아니라, 어디서나 항상 볼 수 있는 정상적인 상태라는 것이다. (*이는 구약성서에서 나온 말이다. 유대인들은 깊은 슬픔에 잠길 때 이와 같이 하는 관습이 있었다.*)

이 이론에 따르면 새로운 진리를 주장하는 사람은 고대 그리스의 로크리스인들이 법률을 제정할 때 이를 제안하는 사람처럼 행동해야 한다. 로크리스에서 새로운 법률을 제안하는 사람은 목에 밧줄을 감고 걸어 나와 자신의 안을 제시하는데, 만일 대중 의회가 그의 법률 제안을 채택하지 않을 경우 즉시 교수형을 당할 각오를 해야 한다. 역사적 은인들에게 이처럼 대우하는 것을 옹호하는 사람들이 그 은혜의 가치를 충분히 인정한다고는 보이지 않는다.

진리는 언제나 박해를 물리치고 이긴다는 격언은 우리가 흔히 듣는 표현이다. 그것은 언제 들어도 우리의 귀를 즐겁게 해 주기는 하지만, 자주 입에 오르내리는 거짓말 중의 하나다. 인류의 역사는 진리가 박해로 억압된 여러 사례로 가득 차 있다. 설사 진리가 영원히 억압되는 일이 없다 하더라도 그것은 여러 세기 동안 내팽개쳐질 수 있다. 종교적인 의견들의 경우만 예로 들더라도 종교 개혁은 루터 전에 적어도 20번은 추진되었지만 그때마다 진압되었다.

이단자들의 세력이 너무 강해서 박해가 효과적으로 행해질 수 없었던 곳을 제외하면, 종교적 이단에 대한 박해는 언제나 성공을 거두었다. 이성이 있는 사람이라면 누구라도 로마 제국에서 기독교가 아주 뿌리째 뽑힐 수도 있었음을 의심하지 않을 것이다. 그리스도교가 널리 퍼지고 우세한 힘을 갖게 된 이유는 박해가 오직 간헐적으로 아주 짧은 기간에만 계속되고, 그 중간에는 거의 방해받지 않고 행해진 긴 포교 기간이 있었기 때문이다.

진리는 그것이 다만 진리라는 이유만으로 감옥이나 화형에도 굴하지 않는 고유한 힘이 있다고 말하는 것은 한낱 근거 없는 감상주의에 지나지 않는다. 일반적으로 사람들은 오류를 열렬히 지지하는 것 이상으로 진리를 열심히 지지하지는 않는다. 그 때문에 법이나 사회적인 형벌을 충분히 잘 활용한다면, 진리나 오류 그 어느 것의 보급도 막을 수 있다.

진리가 가진 진정한 강점은 다음과 같다. 어떤 의견이 진리라고 해도 그것은 한두 번 또는 몇 차례 인정받지 못할 수도 있다. 하지만 몇 세대를 지나는 동안에 대부분 그 진리를 재발견하는 사람이 새롭게 등장하기 마련이다. 그리고 그것이 다시 등장하는 시기에 운 좋게도 박해를 피하면, 이후 억압과 싸워 이길 만큼 강한 힘을 키워 나갈 수 있다.

또 다음과 같이 주장하는 사람이 있을지 모른다.

"우리는 이제 새로운 의견을 주장하는 사람들을 사형에 처하지 않는다. 우리는 선지자들을 처형했던 선조들과는 달리 그들의 묘지까지 세워 주고 있지 않은가?"

하기야 우리 시대에 와서 새로운 의견을 주장했다고 해서 그들을 사형에 처하지 않는 것은 사실이다. 그리고 우리가 가장 증오해야 할 의견에 대해서까지도, 현대인의 감정이 허용할 수 있는 형벌의 양은 그것을 완전히 없애기에는 불충분하다.

그러나 우리는 법률이 지니고 있는 박해의 오점을 깨끗이 씻어 버렸다고 자만하지 말아야 한다. 의견에 대한 형벌이나 적어도 의견 발표에 대한 형벌이 법률상으로는 여전히 존재하기 때문이다. 또한 그와 같은 형벌의 적용은 오늘날에도 심심찮게 발동하고 있다. 그래서 그와 같은 형벌이 언젠가는 완전히 위력을 발휘해 부활할지도 모른다는 우려가 전혀 근거 없는 말은 아니다.

8. 내세의 신앙을 고백하지 않는 사람은 법정에서 증언할 수 없는가?

1857년 콘월 주의 하계 순회 재판에서, 평소의 생활에 별다른 문제가 없었다는 불쌍한 한 남자에게 21개월의 금고형이 선고되었다. 그가 그리스도교에 대해서 뭔가 불경한 말을 하고, 문에다 불경한 낙서를 했다는 죄목 때문이었다.

그 뒤 한 달도 지나지 않아 런던의 형사 재판소인 올드 베일리에서 두 명의 남자가 각기 다른 이유로 배심원 자격을 박탈당했다. 그중 한 사람은 재판관과 변호사로부터 모진 모욕을 당했다. 왜냐하면 그는 자신이 신앙을 가지고 있지 않다고 정직하게 고백했기 때문이다. 같은 이유로 또 다른 외국인은, 그가 물건을 도난당해 고소를 했으나 법원에서 기각당했다. 이렇게 법적인 구제를 받으려는 시도가 거부당한 것은 신(어떤 신이든 상관없이)과 내세의 신앙을 고백하지 않는 사람은 법정에서 증언할 수 없다는 법률상의 학설 때문이었다.

이 학설은 그들을 재판의 보호에서 제외된 공권 상실자라고 선언하는 것과 같다. 그 자신이나 그들과 의견을 같이하는 사람들 외에 다른 사람이 그 자리에 있지 않다면, 이들은 다른 사람으로부터 물건을 강탈당하거나 습격을 당한다 해도 그 일을 저지른 범인을 처벌할 수 없다. 그뿐만이 아니다. 범죄 사실을 증명하는 일이 전적으로 그들이 제시하는 증언에만 의존하는 경우에는 누군가 다른 사람이 강탈당하거나 습격을 당해도 그 증언이 효력을 발휘하지 못하기 때문에 범인은 벌을 받지 않는다.

이 학설의 근거가 되는 가정은, 내세를 믿지 않는 사람의 선서는 가치가 없다는 것이다. 그런데 이 명제에 동의하는 사람들은 역사에 대해 너무나 무지하다는 사실을 드러낸다. 전 세계적으로 덕망과 학식을 갖춘 인물 중 상당수가 친한 사람들 사이에서는 무신론자로 알려져 있다는 사실을 조금이나마 아는 사람은 그와 같은 주장을 펴지 않는다. 더구나 이 이론은 자기 파괴적인 성격을 가지고 있어서 자신의 논리적 기반을 스스로 무너뜨린다. 왜냐하면 무신론자는 거짓말쟁이가 분명하다고 말하면서, 스스로 무신론자가 아니라고 거짓말을 하는 무신론자의 증언은 받아들이지만 자신이 무신론자라는 것을 솔직하고 당당하게 시인하면서 세상의 비난을 감수하고자 하는 사람들의 증언은 거부하기 때문이다. (*말하자면 솔직한 사람은 증언을 거부하고 거짓말하는 사람은 받아들이는 자가당착에 빠진다.*)

9. 활동적인 지성인의 몰락과 여론에 영합하려는 기회주의자들의 탄생

오늘날 종교의 부흥이라고 떠들어 대는 것은 편협하고 개화되지 못한 사람들에게는 독선의 부흥과 같다. 따라서 영국의 중산층처럼 민중의 감정 속에 이단자에 대한 비관용적인 태도가 포함되어 있는 곳에서는, 일반 사람들은 아주 약간의 자극만으로도 박해받아야 마땅하다고 생각하는 사람들에게 적극적인 가혹 행위를 할 수 있다.

그것은 다음과 같은 이유 때문이다. 즉, 사람들은 자신들이 중요하게 여기는 신앙을 부인하는 다른 사람들에 대해 그들이 지니고 있는 의견들, 마음속에 느끼는 감정들, 이런 것들을 품는데, 바로 이런 것들이 이 나라가 정신적으로 자유로운 곳이 되는 것을 방해하는 요소다. 왜냐하면 과거 오랫동안 법적 처벌의 주된 폐해는 그것들이 사회적 오명을 가중시킨다는 것이었기 때문이다. 이 사회적 오명은 대단히 효과적이어서, 영국에서 사회가 금지하는 의견을 밖으로 드러내는 일은 다른 나라에서 사법적인 처벌을 받을 위험이 있는 견해를 분명하게 드러내는 경우보다도 오히려 훨씬 드물다.

다른 사람에게 의존하지 않고 생활할 수 있을 정도로 경제적인 형편이 넉넉한 사람을 제외한다면, 모든 사람에게 여론은 법률과 거의 비슷한 효력이 있다. 왜냐하면 사람들은 감옥에 구속되는 것과 생계수단을 박탈당하는 것에 똑같은 가치를 두기 때문이다.

이에 비해 생계 수단이 마련되어 있는 권력자들이나 대중으로부터 아무런 혜택도 바라지 않는 사람들은 자신의 솔직한 의견을 발표하는 데 무엇 하나 두려워할 까닭이 없다. 다른 사람의 좋지 않은 감정을 사거나 악평을 듣거나 하는 일은 있을지 모르지만, 그들에게는 이런 여론의 부정적인 영향을 견디기 위해 영웅적인 성격이 요구되지 않는다. 또한 그들을 위해서 동정심에 호소할 필요도 없을 정도다.

하지만 우리가 우리와 생각을 달리하는 사람들에게 과거에 해 왔던 것만큼 해악을 입히지는 않는다 하더라도 우리는 그들을 대우하는 데서 그 어느 시기 못지않게 스스로 해악을 저지르고 있다. 소크라테스는 사형되었지만 그의 철학은 하늘의 태양처럼 높이 솟아올랐고, 그 햇살을 지적 창공 전체에 한껏 드러냈다. 기독교도들은 사자밥이 되었지만 교회는 위엄 있고 무성한 나무로 자라 오래되고 생명력이 없는 다른 나무들을 넘어서서 이제는 그것들을 그늘로 가려 질식하게 만들었다.

사실 영국인들의 단순한 사회적 불관용은 그 누구도 죽이지 않았고, 어떤 의견도 제거하지 않았다. 하지만 이런 사회적 불관용은 사람들로 하여금 그의 의견을 위장하게 만들었고, 그 의견을 확산시키려는 적극적인 노력을 막았다. 영국의 경우에는 이단적인 의견이 10년마다 또는 세대마다 등장했지만, 그것이 설 자리를 확실하게 얻지도 못했고 잃지도 못했다. 그 의견들은 멀리 그리고 널리 타오르지 않았다. 하지만 그 의견은 그것을 처음으로 생각해 낸 사색적이고 탐구심이 강한 사람들의 좁은 공간 안에서 계속 연기를 내면서 피어오른다. 그리고 이런 식으로 일부 사람들에게는 그나마 만족스러운 상태가 여전히 유지되고 있다. 왜냐하면 그런 상태에서는 누군가가 벌금형에 처해지거나 감옥에 갇히지도 않으며, 많은 유력한 의견들이 표면상으로는 방해받지 않기 때문이다. 또한 다른 한편에서는 사상의 병으로 고뇌하는 이단자들의 이성적인 활동이 금지되지도 않기 때문이다.

이것은 분명히 지성의 세계에서 평온을 유지하는 방법이다. 그리고 이로 말미암아 모든 것은 현상을 그대로 유지해 나간다. 그러나 이런 종류의 지적 평화를 위해 치러야 하는 대가는 인류의 모든 도덕적 용기를 희생하는 것이다. 가장 활동적이며 탐구심이 풍부한 지성인들 대부분이 그들이 옳다고 여기는 일반적인 원리나 신념을 가슴속에 묻어 두는 것이 현명하다고 생각한다. 여론과 꼭 들어맞지 않지만 자신이 옳다고 판단한 내용에 대해서 대중을 상대로 말해야 할 경우에도, 가능한 한 자신의 진심을 드러내지 않는다. 설사 그들이 동의할 수 없는 주장이라 하더라도 그 주장에다 그들의 결론을 맞추는 것이 현명한 일이라고 생각한다.

이런 상태에서 한때 사상계를 화려하게 장식했던 개방적이고 용감한 인물이나 논리적이고 일관성 있는 지성인이 출현하기를 기대하는 것은 거의 불가능하다. 이와 같은 사회에서 기대할 수 있는 인간이란 누구의 비위도 거슬리지 않으려 하면서 일반적인 생각에 단순하게 영합하려는 사람, 아니면 모든 중요한 문제에 대해서 아무런 확신도 없이 청중의 눈치를 보는 기회주의적인 사람일 것이다.

그 어느 쪽도 원치 않는 사람들은 자칫 예민한 반응을 가져올 수 있는 부분은 건드리지 않으려고 한다. 그래서 그들은 무난하게 말할 수 있는 문제들에 한정해서 논의를 전개한다. 그럼으로써 사소한 문제들은 해결할 수 있다. 하지만 그들은 인류 사회를 가치 있게 만드는 담대한 주제에 관한 자유로운 사색은 포기할 수밖에 없다.

10. 소수 의견의 침묵은 사상의 답보로 이어진다

소수 의견을 지닌 사람, 즉 사회에서 이단자라고 여기는 이들의 침묵이 나쁘지 않다고 말하는 사람들은 다음 내용에 유념해야 한다. 첫째, 그들의 침묵으로 인해 다양한 의견에 대한 공정한 토론은 충분히 이루어지지 않는다. 둘째, 토론에서 논의하지 않은 의견이 확산되지는 않겠지만, 그것이 영구히 소멸되는 것은 아니다.

사회에서 일반적으로 받아들이는 결론에 이르지 못한 모든 탐구를 일체 금지할 때, 가장 피폐해지는 것은 이단자들의 정신이 아니다. 가장 많은 피해를 보는 사람은 이단자로 낙인찍히는 것이 두려워 그 정신의 발전이 위축된 사람들, 이성이 겁에 질려 있는 사람들이다.

앞날이 약속되는 지성인들과 소심한 성격을 가진 대부분의 사람들이 그들을 남들이 반종교적·비도덕적이라고 부를까 봐, 그것을 두려워하는 마음에 대담하고 생기에 찬 자신만의 독창적인 사고를 추구하지 않아서 이 세계가 얼마나 손해를 입는지를 어느 누가 계산할 수 있을까?

그들 가운데서 종종 마음속 깊이 강직한 양심을 지닌 날카롭고 세련된 지성의 소유자가 보이기도 한다. 하지만 그런 사람들도 그 침묵으로 억누르기 힘든 지성을 궤변으로 얼버무리면서 일생을 보낸다. 그리고 그의 양심과 이성이 명하는 생각을 일반적으로 받아들여지는 의견에 합치시키려고 시도하다가 그 풍부한 창의적인 재능을 모두 써 없애 버리고 만다.

자신의 지성이 어떤 결론을 이끌어 내더라도 그것을 끝까지 추구해 가는 것이 사상가가 지녀야 할 가장 큰 의무라는 사실을 인정하지 않는 사람은 결코 위대한 사상가가 아니다. 스스로 사색하지 않고 오직 다른 사람의 주장만 무턱대고 따르는 사람들의 진실한 주장보다는, 오히려 적절한 연구와 준비를 통해 스스로 사색할 줄 아는 사람들이 저지르는 오류가 진리에 공헌하는 경우가 더 많다.

사상의 자유가 필요한 까닭은 단지 위대한 사상가가 태어나도록 하기 위해서만은 아니다. 오히려 그것은 보통 사람에게 그들의 능력이 미치는 한도까지 정신적인 발달을 이루도록 하기 위해서 필요하며, 이것이야말로 반드시 필요한 것이다.

정신적 노예 상태라고 말할 수 있는 사회 분위기 속에서도 위대한 사상가는 등장했다. 앞으로도 물론 그럴 것이 틀림없다. 그러나 그와 같은 분위기 속에서 지적으로 활발한 국민은 일찍이 존재한 적이 없었으며, 앞으로도 결코 존재하지 않을 것이다.

역사적으로 살펴볼 때, 우리는 사람들이 일반적으로 받아들이는 견해나 사상을 논박해서는 안 된다는 암묵적인 관습이 있는 곳에서 높은 수준의 정신 활동을 발견할 수 없었다. 뿐만 아니라 인류의 관심을 사로잡을 수 있는 위대한 문제에 대한 토론이 끝났다고 여겨지는 곳에서도 그런 정신 활동을 발견할 수 없다. 논쟁이 정열을 불태우기에 충분할 만큼 크고 중요한 주제를 다루지 않을 때는 사람들의 정신이 솟구쳐 오르지 않는다. 또한 그럴 때는 평범한 지성의 소유자도 사고하는 존재로서의 위엄을 느끼며 높은 자리에 오르고 싶어 하는 충동이 생기지 않는다.

그러한 충동의 예는 종교 개혁 직후 유럽에서 있었다. 또 하나는 비교적 교양 있는 계급에 한정된 것이었지만, 18세기 후반 대륙의 사상운동에서 찾아볼 수 있다. 다른 하나는 더 짧은 기간이었지만, 괴테(Johann Wolfgang von Goethe, 1749~1832)와 피히테(Jahann Gottlieb Fichte, 1762~1814)가 살았던 독일의 지성의 시대에 나타났다.

그런 충동이 등장했던 각 시대에서 새롭게 나타난 주장은 물론 서로 다르다. 하지만 다음 측면에서 공통적이었다. 즉, 이 세 시대는 어느 기간이나 권위의 속박에서 벗어나 있었다. 어느 시대나 낡은 정신적 전제, 즉 지적 전제주의는 팽개쳐져 있었으며, 그것을 대신할 새로운 전제는 아직 등장하지 않았다. 이 세 시대에 주어진 충동이 오늘날의 유럽을 만들어 낸 것이다.

그런데 최근의 상황으로 미루어 볼 때 이 세 충동은 모두 다 써서 없어져 이미 바닥이 드러난 것 같다. 따라서 우리가 우리들의 정신적 자유를 또다시 새롭게 주장할 때까지 어떤 새로운 출발도 좀처럼 기대할 수 없다.

11. 살아 있는 진리와 죽은 독단

이제 사회 통념이 잘못되었을지도 모른다는 가정을 버리고 그러한 의견이 진실이라고 가정해 보자. 그리고 그것이 진실인지 여부가 자유롭게 공개적으로 논의되지 않았을 때, 그것을 믿는 사람들에게서 흔히 나타나는 태도에 대해 생각해 보자.

융통성 없이 자신의 의견만을 고집하는 사람은 좀처럼 자기 의견이 잘못되었을지도 모른다는 사실을 스스로 인정하기 어렵다. 하지만 그는 다음 사실에 유념해야 한다. 그의 의견이 아무리 진실이라 하더라도, 만일 그것이 빈번하게 또는 공포심을 주지 않고 토론을 통해 충분히 논의된 것이 아니라면, 그것은 살아 있는 진리가 아니라 죽은 독단에 지나지 않는다는 것을 명심해야 한다.

만일 자신이 진실이라고 믿는 것에 대해 아무런 의심 없이 전폭적으로 동조하는 사람이 있다면, 비록 그가 그 의견의 근거를 모르고 그 의견에 대한 피상적인 비판에 대해서조차 조리 있게 변호할 수 없다고 해도, 그것으로 충분하다고 생각하는 사람들이 있다. 그런 사람들은, 흔히 자신들의 신념을 권위 있는 사람의 가르침을 통해 배웠기 때문에, 그것에 대해 이러저러한 의문을 제기하는 것은 얼토당토않다고 생각한다.

그런 사람들이 지배적인 사회에서, 일반 사람들이 사회 통념을 현명하고 신중한 방식으로 거부하는 것은 불가능하다. 물론 무지로 인해 성급하고 경솔하게 거부당할 수는 있다. 왜냐하면 토론을 완전히 없애는 것은 거의 불가능하며, 또한 토론이 일단 시작되면 확신이 강하지 않은 신념은 거의 논증이라고 할 수 없는 것에도 쉽게 굴복하는 경향이 있기 때문이다. 그러나 이것은 진리를 향해 나아가는 이성적인 존재로서 인간이 지녀야 할 올바른 태도가 아니다. 그것은 진리를 아는 것이 아니다. 그와 같이 형성된 진리는 단지 우연하게 만들어진 또 하나의 미신일 뿐이다.

만일 인류의 지성과 판단력을 계발해야 한다면, 누구나 자신의 의견을 가져야 하는 분야에서 이 능력이 가장 적절하게 훈련되어야 하지 않을까? 이해력의 계발, 한마디로 요약하면 자기주장의 근거를 아는 것이 중요하다. 무엇을 믿든 올바르게 믿는 것이 가장 중요하다고 생각하는 문제에 대해서 사람들은 적어도 흔히 제기될 수 있는 비판에 답변할 수 있어야 한다.

다음과 같이 말하는 사람이 있을지 모른다.

"의견이 반박당하지 않는다고 해서 그와 같은 의견이 그저 앵무새처럼 되풀이된 것이라고 말할 수는 없다. 기하학을 배우는 사람은 단순히 그 정리를 암기할 뿐만 아니라 증명까지도 똑같이 이해하고 배운다. 그런데 기하학적 진리가 누군가에 의해 부정되는 것을 듣지도 못하고, 그것을 반증하려 하지도 않았다고 해서 그들이 그 진리에 대해 알지 못한다고 주장한다면 그건 바보 같은 소리다."

이 말은 의심할 바 없이 분명히 맞는 말이다. 그리고 수학 같은 문제의 경우에는 그와 같은 가르침이 충분히 타당하다. 잘못되었다고 생각하는 쪽에서 일절 변명할 여지가 있을 수 없다. 수학적 진리를 증명하는 것의 특징은 모든 논증이 한쪽 편에만 있다는 점이다. 이에 대한 비판도 없으며, 따라서 비판에 대한 회답도 없다.

그러나 견해 차이가 생길 수 있는 문제의 경우, 서로 옳다고 주장하는 두 의견의 논거를 비교하고 대조해 봄으로써 무엇이 옳은지가 결정된다. 특히 물리학 같은 자연 과학에서조차도 동일한 사실에 대해 뭔가 다른 설명이 가능하다. 태양 중심설과 지구 중심설, 산소설과 연소설의 대립에서처럼 상대 이론이 왜 올바른 이론일 수 없는가 하는 점이 밝혀지지 않으면 안 된다. 이것이 밝혀질 때까지, 우리는 그 의견의 근거를 이해하지 못한 것이다.

한편 좀 더 어렵고 복잡한 문제, 다시 말해서 도덕·종교·정치·사회 관계 및 인생 문제에서는 문제가 되는 의견을 지지하는 논의의 4분의 3 정도가 그것과는 의견이 다른 견해를 지지하는 근거를 물리치는 데 들어간다.

12. 진리의 발견에 관한 키케로의 교훈

고대 세계에서 가장 위대한 웅변가였던 키케로(Marcus Tullius Cicero, 기원전 106~기원전 43)는 자신의 주장보다 상대의 주장에 대해 더 많이 연구했다. 그는 변론의 성공을 위해 이런 방법을 썼는데, 이것은 진리에 도달하기 위해 어떤 주제를 탐구하는 사람들이라면 당연히 본받을 만한 점이다.

어떤 사례에 관해 자신의 단편적인 지식만을 통해 아는 사람은 상대에 대해 아는 것이 별로 없다. 자신의 논거가 정당하며 아무도 그것을 논박하지 못할 수도 있다. 그러나 만일 그가 상대의 논거를 논박하지 못한다면 그리고 상대의 논거가 무엇인지조차 알지 못한다면, 그는 어느 한쪽의 의견을 선택할 수 있는 근거를 갖지 못한 것이다. 이럴 때 그가 취할 수 있는 합리적인 태도는 판단을 잠시 미루는 것이다.

그는 어떤 근거로 무엇을 반대하는지에 대해 상대방에게 직접 듣는 것이 중요하다. 만일 상대의 주장을 자신의 스승을 통해 듣거나 그것에 대한 반론도 스승이 진술하는 것만 듣는다면, 그것만으로는 충분하지 않다. 그것은 상대방의 논의를 공정하게 다루는 것이 아니며, 또한 자신이 정확하게 이해하는 방법도 아니다.

오히려 그 논의를 실제로 믿는 사람들로부터, 즉 그것을 성실하게 진심으로 변호하면서 그것을 위해 최선을 다하는 사람들로부터 반대 논의를 직접 들어야 한다. 그럼으로써 반대 의견이 지니고 있는 가장 그럴듯하면서도 설득력 있는 논리를 제대로 파악해야 한다. 그는 그 주제가 직면한 것이 무엇인지를 알아야 하고, 파기해야 할 것이 무엇인지를 알아야 한다. 그렇지 않다면 그는 무엇을 제대로 아는 것이 아니다.

이른바 교육을 받은 사람들, 심지어 자신의 견해에 대해 유창하게 논의할 수 있는 사람들조차도 100명 중 99명은 이러한 상황에 처해 있다. 그들의 결론이 옳을 수도 있지만, 어쩌면 잘못되었을지도 모른다. 그들은 자기와 다른 사고방식을 가진 사람들의 입장에서 그 사람들이 주장하고자 하는 것이 대체 무엇인지를 곰곰이 생각하지 않는다. 그렇다면 그들은 자신들이 공언하는 주장의 참뜻을 알지 못하는 것이다.

그들은 겉으로 상호간에 대립 관계에 있는 듯한 의견이 사실은 양립 가능하다는 것을, 또는 명백히 강력한 두 논거 중에서 저것이 아닌 이것이 선호되어야 한다는 것을 설명하고 정당화하는 자신의 학설에 대해 알지 못하는 것이다. 그러므로 그들은 그 진리의 우열을 정하기 위한, 또 정확하고 올바른 판단을 내리는 데 필요한 완벽한 정보를 갖지 못한 것이다. 양쪽 견해에 똑같이 사사로움 없이 공평하게 주의를 기울이면서 그들 각각의 논거가 갖는 장점을 보려고 노력했던 사람들을 제외하고는, 그 어느 누구에게도 진리는 확실히 드러나지 않는다.

특히 도덕과 인간에 대한 주제를 이해하는 데 이런 훈련은 꼭 필요하다. 만일 모든 중요한 진리에 대해 비판하는 사람들이 존재하지 않는다면, 그들의 존재를 일부러 상상해서라도 가장 숙련된 악마의 대변자가 그려 낼 수 있는 강력한 논의를 그들에게 꼭 제공해야 한다.

13. 보통 사람들은 지지하는 의견의 논거를 배우지 않아도 되는가?

자유 토론을 반대하는 사람들은 이 같은 논의를 무력화하기 위해 다음과 같이 말할지 모른다.

"모든 인류가 그들이 지니고 있는 어떤 의견에 대해 철학자나 신학자가 제시할 만한 찬성과 반대의 모든 주장과 논거를 알고 이해해야 하는 것은 아니다. 보통 사람들이 똑똑한 반대자들의 잘못된 설명이나 그릇된 의견을 파악할 수 있는 능력까지 갖추어야 할 필요는 없지 않은가.

일반인들 대신 그 대답을 할 수 있는 능력을 가진 사람들은 어느 사회에나 항상 있어 왔다. 평범하고 단순한 사고를 가진 사람들은 자신들이 알고 있는 진리가 명확하다는 것을 배웠기에 그 나머지는 권위자에게 위임한다. 대중들은 그 문제에 대해 제기될 수 있는 모든 난관을 스스로 해결할 지식도 능력도 없다는 것을 알고 있기 때문이다. 따라서 그러한 작업은 특별한 훈련을 받은 사람들에 의해 이루어져야 한다."

하지만 만일 반대 의견을 말하지 않는다면 우리가 어떻게 그것을 알 수 있을까? 또 만일 주어진 명제가 만족스럽지 않다는 것을 반대자들이 밝힐 기회가 없다면, 우리가 어떻게 그 명제가 만족스럽다는 것을 알 수 있을까?

대중은 논외로 치더라도, 적어도 그런 어려운 문제를 해결해야 하는 철학자나 신학자는 그것의 핵심을 명확하게 인식하지 않으면 안 된다. 따라서 사람들에게 주어진 명제에 대해 반대할 자유가 있어야 하고, 서로 자유롭게 토론하면서 가능한 범위 안에서 최대한 해명할 수 있도록 해야 한다.

가톨릭교회는 이런 곤혹스러운 문제에 대해 나름대로 대처하는 방법을 가지고 있었다. 거기서는 스스로의 확신에 따라 종교 교리를 받아들이는 사람, 즉 성직자와 성직자의 의견을 신뢰해서 교리를 무조건 따르는 사람, 즉 신도로 구분한 것이다. 이 구분에 따라 성직자는 교리 비판에 답변하기 위해 반대자들이 무엇을 비판하는지 그 내용을 알아야 한다. 이를 위해 성직자에게는 이단 서적 읽는 것을 허용했다. 그러나 성직에 있지 않은 일반 사람들에게는 특별한 허가 없이는 그것을 허용하지 않았다.

이 같은 방침에 따르면, 비판하는 사람의 주장과 관련한 지식은 성직자에게는 유익한 것으로 인정되나 나머지 일반 사람에게는 접근이 안 되는 금기 사항이었다. 따라서 엘리트에게는 일반 대중에게 허용되는 것보다 더 많은 지적 자유는 아닐지라도 지적 풍토는 허용했다. 이런 방법으로 가톨릭교회는 지적 우월성을 획득했다. 왜냐하면 지적 자유를 주지 않는 이러한 풍토 속에서 비록 지적으로 자유롭고 진보적인 정신을 가진 사람은 만들지 못할지라도, 순회 재판 변호사처럼 교리를 옹호할 수 있는 영리한 인간은 만들 수 있기 때문이다.

그러나 개신교를 신봉하는 나라에서는 이 방법을 거부한다. 왜냐하면 신도들은 적어도 이론적으로는 자신의 종교에 대해 스스로가 책임을 져야지 교직자들에게 그것을 떠넘길 수는 없다고 보았기 때문이다. 뿐만 아니라 지금은 교육받은 사람들(성직자)이 읽을 수 있는 서적을 교육받지 못한 사람들(일반 대중)이 읽지 못하도록 하는 것은 불가능하기 때문이다.

14. 종교적 교의의 역사적 사례

만일 사회 통념이 참일 때, 자유로운 토론이 없어서 발생하는 해악이 사람들로 하여금 그 의견이 지닌 근거를 모르게 하는 정도라면, 그것은 지적 해악은 될지언정 도덕적 해악은 아니다. 그리고 그러한 것은 인간성의 가치에 악영향을 미친다고 볼 수 없을지 모른다. 하지만 사실상 토론이 없다면, 그 의견이 지닌 근거뿐만 아니라 의미까지도 자주 잊혀진다.

의견을 전달하는 말들은 자신의 생각을 제시하는 것이 아니거나, 또는 그들이 원래 전하려고 한 생각의 작은 부분만을 제시할 뿐이다. 거기에는 선명하고 살아 있는 개념 대신에 기계적으로 암기한 몇몇 문구만이 남아 있을 뿐이다. 또한 그 의미의 일부분이나 겉껍질만 남고 보다 섬세한 본질은 잃어버린다. 이 같은 사실로 가득한 인류 역사의 가장 위대한 시기는 진지하게 연구되고 깊이 있게 살펴보아야 한다.

이러한 현상은 거의 모든 윤리적 교의와 종교적 신조의 경험을 통해 증명된다. 그것은 모두 창시자 및 그의 제자들에게 상당히 의미 있고 중요한 것으로 보인다. 그들이 그러한 신조나 교의를 다른 것보다 우월하게 만들기 위해 노력을 계속하는 동안에 그 의미는 더욱 빛난다. 그런데 그것이 널리 퍼지고 일반인에게까지 보급되어 정설이 되고 나면, 그에 대한 더 이상의 논의는 중단되고 만다. 그렇게 되면 종교적 교의나 신조에 대한 논쟁은 활기를 잃고 점차 시들해지면서 쇠퇴해 간다.

이 경우 그 교의를 믿는 사람들은 대부분 그것을 맹목적으로 받아들이고 따르는 것이지, 스스로 선택한 것은 아니다. 그들은 종교가 성립할 초기 단계에서 한 것처럼 조심스럽게 다른 종교에 대항하거나 세상 사람들을 상대로 자신의 교리를 옹호하거나 세상을 자신들 쪽으로 개종시키려고 하지 않는다. 그 대신 가능한 한 자신들의 신조에 대한 반론에 귀를 기울이지 않으려고 한다. 또한 자신들에게 유리한 논거를 제시하지만 반대자들(만일 그러한 사람들이 있다면)을 자신들에게 유리한 논의로 따지고 공격하지도 않는다. 대체로 이때부터 종교적 교의가 지니고 있는 살아 있는 힘이 쇠퇴하기 시작한 것으로 여겨진다.

많은 종교적 신조의 스승들이 다음과 같이 개탄하는 것을 우리는 흔히 들을 수 있다. 신자들이 종교적 진리에 대한 깨달음을 단지 형식적으로만 이해해서, 그들의 정신 속에 생생하게 유지하고 그 깨달음에 따라 행동하며 살아가지 않는다는 것이다. 과거 종교적 교리가 살아남기 위해 힘들게 투쟁하던 시기에는, 그런 어려움에 대한 불평이 전혀 없었다. 그와 같은 시기에는 힘이 약한 투사들까지도 자신이 무엇을 위해 싸우는지, 그리고 자신의 교의와 다른 사람의 교의 사이에는 어떤 차이가 있는지 명확하게 이해했을 뿐만 아니라 그것을 마음속으로 깊이 깨닫고 있었다.

모든 신조가 새롭게 나타나는 시기에는, 그 신조의 근본적인 원리를 이해하면서 중요한 의미를 비교 검토하고, 그 신조에 완전히 몰입해 영적 감명을 경험한 사람들이 적지 않았다.

그러나 그것이 계승되는 시기에는 상황이 달라진다. 사람들은 능동적이 아니라 수동적이 된다. 즉 사람들은 그 신앙에 대해서 제기하는 의문이나 비판에 더 이상 관심을 두지 않는다. 그 신앙에 대해 점점 둔해지고 무감각하게 수동적으로 동의하려는 경향이 강해질 뿐이다. 다시 말해서 사람들은 종교적 교의를 의식 속에서 자각하거나 개인적인 체험으로 확인하려 하지 않고, 다만 그것을 생각 없이 신뢰하고 무조건 받아들인다. 그리고 마침내 그 신앙은 인간의 내면적인 생활과 긴밀한 관계를 유지하지 않는다.

이 시기의 종교적 신조를 다음과 같이 표현할 수 있다. 종교적 신조는 마치 우리의 정신 안에 있는 것이 아니라 정신 밖에 존재하는 것처럼 되어 우리의 정신은 종교적 신조라는 단단한 껍질로 덮이고, 우리들 본성의 가장 고귀한 부분으로 다가오는 다른 것들을 받아들이지 못하도록 화석처럼 굳는다. 그럼으로써 신선하고 생명력 있는 종교적 확신이 내적으로 들어오는 것을 완전히 차단한다. 우리의 정신이나 마음을 위해서 우리가 하는 일이란 그것이 공허한 채로 그냥 있게 놔두는 것뿐이다.

본질적으로 인간의 내면에 깊은 감명을 주어야 할 종교적 교의가 사람들의 상상력이나 종교적 감정, 또는 내면에 절실한 느낌 없이 단지 죽은 신앙으로 머물러 있는 것을 가늠하는 기준은 지금 여기 그리스도교 교리를 신봉하는 신자들 대부분의 태도에서 흔히 증명된다.

내가 '지금, 여기, 그리스도교'라고 하는 것은 모든 교회와 종파가 그리스도교라고 보는 것, 즉 《신약성서》에 포함되어 있는 잠언이나 가르침을 말한다. 이것은 그리스도교도라면 누구나 신성한 것으로 생각하고 율법으로 받아들인다. 그러나 실제로 이 율법을 삶의 지침으로 삼아 행동하는 신자는 천 명 중 한 명도 없다고 해도 지나친 말이 아닐 것이다. 그들 대부분이 실제 행위의 기준으로 삼는 것은 그들의 국가, 계급 또는 종교 단체의 관습이다.

그리하여 사람들은 한편으로는 무오류적 지혜자, 즉 신이 자신에게 하사했다고 믿는 윤리적·내적 규율을 지닌다. 그리고 다른 한편으로는 (*그가 사는 공동체 안에서 일반적으로 통용되는*) 일상적인 판단과 관습을 지닌다. 그런데 이런 판단과 관습은 신으로부터 부여받은 윤리적·내적 규율과 일부는 상당히 일치하고, 또 일부는 약간 일치하며, 또 다른 일부는 정면으로 대립하기도 하지만, 전반적으로 그것들은 그리스도교의 교리와 세속 생활의 이해관계 사이에서 적당히 타협된 결과물이다. 그리스도교도들은 첫 번째 기준, 즉 종교적 교리에는 존경과 경의를 표하지만 그들이 진정으로 충성을 바치는 것은 두 번째 기준, 즉 세속적인 이해관계다.

모든 그리스도교도는 다음과 같이 믿고 있다.

"마음이 가난한 사람들, 온유한 사람들, 세상에서 학대받는 사람들은 복이 있다. 부자가 천국에 들어가기보다는 낙타가 바늘구멍을 통과하는 것이 더 쉽다. 자신이 심판받지 않기 위해서 남을 심판하지 마라. 결코 맹세하지 마라. 자신을 사랑하는 것처럼 네 이웃을 사랑하라. 만일 남이 속옷을 원하면 그에게 겉옷도 벗어 주어라. 내일을 염려하지 마라. 완전해지기를 원한다면 가진 모든 것을 팔아서 가난한 사람들에게 나누어 주어라."

그들이 이것을 믿고 있다고 말할 경우, (*그것을 지키지 않는다고 해서*) 그들이 결코 불성실한 것은 아니다. 사람들이 언제나 존중하기만 했지 한 번도 토론한 적이 없는 그 어떤 것을 믿는 것처럼, 그리스도교도들도 단순히 그것을 맹종하는 것뿐이다. 그러나 개인행동에 지침이 되는 살아 있는 신앙이라는 측면에서 볼 때, 그들은 그 교리에 따라 행동할 정도까지 믿는 것이 아니다.

본래 교리는 그 반대자들을 공격하기 위해 나온 것이다. 그리고 그 교리는 자신들이 생각하기에 칭찬받을 만한(모범적인) 일을 하는 데 대한 정당한 이유로 제시되는 것일 수 있다. 그러나 그 내적 규율이 요구하는 것을 행하는 것이 불가능하다고 말하는 사람이 있다면, 그는 다른 사람들보다 잘나기를 바라는 대단히 인기 없는 사람들 중의 하나로 낙인찍히는 것 외에 얻을 것이 없다. 그 교리는 일반 신자들에게서 지지를 받지 못하고 있으며, 그들의 정신에 힘을 발휘하지도 못한다.

그들은 이러한 교리에 대해 습관적으로 존경과 경의를 보내지만, 그 말들이 진정으로 의미하는 바를 깨닫고 자신의 영혼 속에 흡수해서 그에 일치하는 삶을 살려고 하지는 않는다. 그들은 언제나 주위 사람들을 살펴보고 그리스도의 교리를 어느 정도까지 따르면 좋을지 그 지침을 얻고자 한다.

그런데 초기 그리스도교도들의 경우에는 이와 달랐다. 만일 그때도 이런 식이었다면, 멸시만 당했던 히브리 민족의 이름 없는 그리스도교가 로마 제국의 종교로까지 크게 발전할 수는 없었을 것이다.

어떤 종파의 특수한 교리가 공인된 종파의 널리 통용되는 교리보다 훨씬 더 생생한 활력을 지니고 있고, 또 선교사들이 많은 고통을 감수하면서까지 그것의 의미를 부각시키려고 하는 데는 그만한 이유가 있다. 왜냐하면 사람들은 특수한 교리에 더욱 빈번하게 이의를 제기하기 때문이다. 따라서 그것은 공공연하게 그것에 반대하는 사람들에 대해 더욱 옹호해야 할 것이 많아진다. 그런데 마치 전쟁터에서 적들이 사라지면 깊은 잠에 빠지는 병사들처럼, 가르치는 사람이나 배우는 사람 모두 잠을 자는 것이다. (*다시 말해, 종교적 교리에 반대하는 사람들이 없다면 이에 대해 옹호할 것이 없어지고, 그렇게 되면 그 교리는 더 발전하지 못한 채 깊은 잠의 수렁 속에 빠지고 만다.*)

일반적으로 모든 전통적인 교리들, 즉 도덕이나 종교적 교리뿐만 아니라 일상생활에서의 사리 분별이나 인생살이에서 필요한 격언들에도 똑같이 이 같은 사실이 적용된다.

언어와 문학은 주로 인생이란 무엇인가, 사람은 어떻게 살아야 하는가에 관한 내용을 다룬다. 사람들은 누구나 이것을 알고 있다고 생각하고 되풀이해서 그것을 말하고 묵묵히 들음으로써 당연한 진리로 받아들인다. 그런데 대부분의 사람들은 자신의 고통스런 경험을 통해 인생이 그들에게 현실로 다가올 때 비로소 그 의미를 생생하게 깨닫는다. 사람은 뭔가 예기치 않은 불행이나 실의 때문에 고뇌할 때, 비로소 평상시에 알고는 있었지만 그냥 지나쳤던 격언이나 속담을 마음속에 떠올린다. 아마 그들이 그런 말의 의미를 전에도 지금과 같이 뼈저리게 실감했다면, 그와 같은 불행을 당하지 않았을지도 모른다.

이 세상에는 개인적인 체험에 의해 절실하게 느끼기 전까지는 그 의미가 완전하게 이해되지 않는 진리가 많다. 만일 사람들이 그것을 지지하거나 반대하는 논의를 전에 들었더라면 이러한 진리가 의미하는 바를 더 많이 이해했을 것이다. 그리고 그렇게 이해한 것들은 그들의 마음속에 더 깊은 인상을 남겼을 것이다. 이미 어떤 일이 더 이상 의심스럽지 않을 때, 그것에 대해 생각하지 않으려는 인간의 성향이 치명적인 실수를 가져온다. 이것에 대해 현대의 한 작가는 "결론이 난 견해는 깊은 잠에 빠진다."고 분명하게 말했다.

이에 대해 "그게 무슨 소리냐!"고 누군가가 반문할지도 모른다. "그렇다면 참된 지식을 위해서는 의견이 일치하지 않는 것이 반드시 필요한 조건이란 말인가? 누군가가 진리를 인식하기 위해서는 인류 중 누군가가 계속 실수를 저질러야만 한단 말인가? 신앙은 그것이 사람들에게 받아들여지자마자 그 진실성과 활력을 잃어버리는 것인가? 또한 어떤 명제에 대해 의문이 제기되지 않는다면 그것은 철저히 이해되거나 느껴질 수 없단 말인가? 인류가 어떤 의견을 만장일치로 받아들이자마자 그것은 인류의 마음속에서 결국 사라지는 것인가?

인류의 지성이 추구하는 최고의 경지는 인류가 모든 진리에 대해 의견을 통일하는 것이라고 생각해 왔다. 그렇다면 지성이란 그 목적을 달성하지 않는 동안에만 존재하는 것인가? 정복의 열매는 승리가 결정되면 없어지는 것인가?"

나는 결코 그렇게 생각하지 않는다. 인류가 발전함에 따라 더 이상 (*사람들이*) 논의하지 않거나 의심하지 않는 학설의 수는 점점 늘어갈 것이다. 그리고 인류의 복지는 논란의 여지가 없는 진리의 수와 그 비중에 의해 대략적으로 측정이 가능해진다. 사람들의 견해가 수렴되어 가면서 중대한 논쟁이 차례로 끝날 것이다. 이때 올바른 견해가 통합될 경우 그것은 우리에게 유익하다. 하지만 사람들이 옳지 않은 견해에 모두 동의해 그 의견이 통합된다면, 그런 경우에는 위험천만할 뿐이다.

15. 진리를 얻는 가장 확실한 방법은 토론이다

어떤 진리를 그것에 반대하는 사람에게 설명하거나 그의 비판에 맞서 옹호하는 것은 진리를 지적으로 생생하게 이해하고 전달하는 데 크게 도움이 된다. 그리고 그렇게 하지 않으면 우리는 진리를 보편적으로 인식하는 데 아주 심한 정도는 아니더라도 미미하지는 않은 손실을 입는다.

　나는 솔직히 말해서 인류의 스승들이 그것을 해 주었으면 한다. 그 문제에 대한 반론을, 마치 개종을 열망하는 반대파의 대변인들이 강력하게 제시하는 것처럼, 교리를 배우려는 사람의 의식 속에 그 문제에 대한 반론을 명백히 보여 줄 수 있는 방법을 인류의 스승들이 제시해 주었으면 한다.

　그런데 그들은 이와 같은 목적을 위해 방안을 찾아내기는커녕 전에 가졌던 것조차 잃어버렸다. 플라톤의 《대화편》에서 훌륭하게 예시된 소크라테스식 변증법은 이런 방안의 하나였다. 그것은 본질적으로 토론이다. 그 변증법은 사회 통념을 단순하게 받아들이는 사람들로 하여금 그들이 그것에 대해 명확하게 알지 못한다는 사실을, 즉 그들이 자신들이 신봉하는 교리에 아직 명백한 의미를 부여하지 못했다는 사실을 이해시키는 것이다.

　그것은 철학과 인생의 중대한 문제에 대해 근본적으로 생각해 보는 토론으로, 더 말할 나위 없이 훌륭한 것이다. 그 방법을 통해 사람들은 일단 자신의 무지를 깨닫고, 그 교리의 의미와 근거에 관한 명확한 이해에 토대를 둔 확고한 신념을 가질 수 있다.

　중세 스콜라 철학자들의 토론도 대부분 이와 같은 목적을 지녔다. 그것은 학생들이 자신의 주장과 이에 대립되는 주장을 살펴보면서 자신의 근거를 찾고 반대 주장의 근거를 논박하는 것이다. 하지만 중세에 행해졌던 토론은 전제가 이성이 아니라 권위에 호소한다는 점에서 결정적으로 문제가 있었다. 그것은 정신을 훈련하는 방법으로, '소크라테스학파'의 지성을 형성했던 강력한 대화술과 비교해 본다면 여러 측면에서 열등한 것이었다.

그러나 현대의 지성은 위의 두 방법으로부터 영향을 받았다고 인정하는 것보다 훨씬 더 많은 영향을 받았다. 그런데도 현재의 교육 방식은 그 둘 중 어느 하나가 제공했던 유리한 점 가운데 최소한의 것만큼도 제시하지 못하고 있다.

모든 가르침을 교사의 말과 책을 통해 얻는 사람들은, 비록 그가 주입식 교육에 만족하려는 유혹을 떨쳐 버린다 해도, 어떤 학설에 대한 찬반 양측의 주장을 모두 경청하기는 대단히 어렵다. 사상가들 사이에서조차도 이것의 양 측면을 모두 안다는 것은 좀처럼 쉽지 않다. 그리고 누구나 자신의 의견을 옹호하는 과정에서 가장 취약한 부분은 그들의 반대자들에게 내놓는 답변이다.

적극적으로 '이것이 이러이러한 이유로 옳다'는 진리를 수립하지 않고, 이론상의 약점이나 실천상의 잘못을 지적하는 논리, 즉 부정적인 논리를 얕잡아 보는 것이 오늘날의 유행이다. 그런데 이런 부정적인 비판은 실제로 대단히 초라하지만, 지식을 얻거나 명제의 확실성을 획득하는 수단으로는 상당한 가치를 지닌다.

사람들이 그와 같은 체계적인 훈련을 쌓을 때까지 수학과 물리학을 제외한 다른 사고 영역에서는 위대한 사상가가 거의 나오지 않을 것이다. 수학이나 물리학 이외의 다른 분야에서는 반대자와 활발한 논쟁을 할 때 그런 과정을 거치지 않는다면, 또 스스로 반대자들과 활발한 논쟁을 하는 데 필요한 정신적인 과정을 거치지 않는다면, 그 누구의 의견이든 지식이란 이름으로 불리기는 어렵다.

따라서 부정적인 논리가 없을 때 자신의 주장을 보다 확고히 하기 위해서는 반대 논리를 인위적으로 만들어야 한다. 물론 그것은 결코 쉽지 않다. 하지만 그것이 자연적으로 주어져 있는데도, 즉 반대 의견과 주장이 있음에도 이를 무시하는 것은 얼마나 바보 같은 짓인가.

그러므로 만일 공인된 의견이나 일반적인 법, 여론에서 중시하는 것에 반대하는 사람들이 있다면, 우리는 그들에게 감사해야 한다. 그들을 향해 마음을 열고 그들이 말하는 것을 경청하자. 만일 그들이 없다면 우리의 신념이 확실하다고 보증하기 위해, 우리의 신념을 보다 생생하고 활력 있게 만들기 위해 우리 주장에 대한 반대 의견을 의도적으로 만들어야 하는데, 그 수고를 이들이 덜어 주는 것이다. 우리가 훨씬 많은 노력을 기울여서 하지 않으면 안 될 일을, 그들이 대신해 주기 때문에 우리는 기뻐해야 할 것이다.

16. 다양한 의견들의 가치

(*다양한 의견이 있는 것이 왜 우리에게 유익할까?*) 먼 미래에 가능하다고 생각되는 지적 진보의 단계에 인류가 도달하기 전까지는, 의견의 다양성을 우리가 유익한 것으로 인식해야 하는 중요한 근거가 무엇인지에 대해서는 여전히 이야기할 것이 있다.

우리는 지금까지 두 가지 가능성만을 살펴보았다. 첫째는 일반 사람들이 수용하는 지배적인 관점이 잘못되었고 다른 의견이 옳은 경우고, 둘째는 일반적인 관점이 옳은 것이지만 이것과 이를 비판하는 반대 의견이 서로 논쟁하는 가운데 그 의견의 진실성을 명확하게 이해하고 깊이 있게 느끼기 위해 반대편의 오류 역시 반드시 필요한 경우다.

그러나 이 두 경우보다 훨씬 더 일반적인 경우가 있다. 즉 서로 다투는 학설 중 어느 한쪽이 진실이고 다른 쪽은 허위가 아니라, 두 주장이 서로 진리를 부분적으로 나누어 가지고 있는 경우다. 따라서 이런 경우 일반 사람들이 받아들이는 의견이 진리의 나머지 부분을 보완하기 위해 다른 의견을 필요로 한다고 보인다.

감각적인 경험을 통해 알 수 없는 문제에 대해 여론이 진리인 경우가 더러 있다. 하지만 그것이 결코 진리의 전체일 수는 없고, 또한 완전히 그럴 수도 없다. 그것은 진리의 한 부분에 지나지 않는다. 때로는 진리의 커다란 부분일 수도 있고, 때로는 작은 부분일 수도 있다. 하지만 그것은 현실적으로 과장되거나 왜곡되어, 원래의 완전한 진리로부터 어느 정도 떨어져 있다.

이와 반대로 이단적인 의견은 일반적으로 억압되고 무시된 진리의 일부며, 그들을 속박하는 굴레에 대항하면서 등장했다. 그리고 그것이 지배적인 의견에 포함된 진리와 화해를 하는 것이 아니라면, 그앞에 적으로 버티고 서서 배타적인 태도로 자신을 진리의 전체라고 주장한다.

세상에 널리 일반적으로 수용되는 의견은, 그것이 올바른 근거에 뿌리를 두었을지라도 진리의 일부분만을 담고 있을 뿐이다. 따라서 모든 의견은, 설사 그 속에 많은 오류가 함께 섞여 있다 하더라도 진리의 일부분을 담고 있을 수 있기 때문에 소중하게 여겨야 한다.

일반적으로 널리 수용되는 진리가 한 방면으로 치우치는 것이라면, 그것에 반대되는 주장을 하는 사람들이 있는 경우가 그렇지 않은 경우보다 더 낫다. 왜냐하면 이들이야말로 마치 대중적인 진리가 전부인 양 주장하는 단편적인 사고를 가진 우유부단한 사람들에게 억지로 주의를 기울이도록 만들기 위해 가장 열정적일 뿐만 아니라 열정적일 가능성이 가장 높은 사람들이기 때문이다.

그리하여 18세기 지식인들과 그들에게 교육받은 사람들은 거의 모두 문명을 찬미하고 근대의 과학과 문학, 그리고 철학의 경이로움을 칭송하면서 감탄했다. 더불어 그들은 근대인과 고대인의 차이점을 과대평가했고, 그 차이점이야말로 그들의 우수성을 보여 주는 것이라고 믿었다.

이러한 분위기 속에서 '루소의 역설'이 폭탄처럼 그 한복판에서 폭발했다. 밀집되어 있던 한쪽으로 치우친 진리를 단번에 폭파하고, 다른 요소들도 첨가해서 그 요소들을 더 나은 형태로 다시 결합시켰던 것이다. 이처럼 18세기 루소(Jaen Jaques Rousseau, 1712~1778)의 역설은 매우 유익한 충격을 주었다.

그렇다고 당시 여론이 루소의 주장보다 진리로부터 멀리 떨어져 있었던 것은 아니다. 오히려 그것이 더 진리에 가까웠다. 다시 말해 당시 여론이 진리를 더 많이 포함하고 있었고, 오류를 훨씬 적게 포함하고 있었다. 그럼에도 루소의 학설 속에는 당시의 일반적인 의견, 즉 여론에 결여된 진리의 상당 부분이 포함되어 있었다. 여론이 지닌 진리가 루소의 주장과 더불어 사상의 흐름으로 흘러 내려갔고, 이것들은 마치 홍수가 지나간 뒤에 남겨진 침전물과도 같았다.

간소하고 소박한 생활이 더 훌륭한 가치가 있으며 인위적인 사회의 속박과 위선은 인간을 무기력하게 만들고 타락시킨다고 여기는 루소의 사상은 그의 저서가 발간된 이후, 지식인들의 마음속에서 완전히 사라지지 않았다. 이러한 사상은 머지않아 때가 오면 정당한 효력을 발휘할 것이다.

질서와 안정을 표방하는 정당과 진보와 개혁을 표방하는 정당 모두가 건전한 정치를 이룩하기 위해 필수적인 요소라는 것은 자명한 사실이다. 어느 한 정당이 정신적 이해의 폭을 넓혀 보수와 진보를 아울러 표방하는 정당이 되어, 쓸어버려야 할 것과 보존해야 할 것을 알고 그것을 능히 구별할 수 있게 되기까지는 그러하다.

이와 같은 두 가지 사고방식은 저마다 상대방의 결함에서 자기의 유용성을 이끌어 낸다. 그 어느 것이나 이성과 건전성이라는 기본적인 틀에서 벗어나지 않는 것은 주로 상대편의 반대가 있기 때문이다.

민주주의 대 귀족주의, 사유재산제 대 평등, 협동 대 경쟁, 사치 대 금욕, 사회성 대 개성, 자유 대 통제, 그리고 실제 생활에서 지속적으로 벌어지는 모든 다른 대립에 대한 의견이 동등한 자유를 가지고 표현되고 동등한 재능과 열정으로 옹호되고 지지되지 않는다면, 양쪽 모두가 자기 몫을 얻을 기회를 잃어버린다. 저울의 한쪽이 올라가면 다른 쪽이 내려가는 것은 당연한 일 아닌가.

인생의 중요한 관심사에 대해 반대 입장을 화해시키고 접목시키면서 엄밀함에 가까울 만큼 조정을 잘 해낼 수 있는 공평무사한 정신을 가진 사람은 드물다. 따라서 조정은 적대적인 상황에서 투쟁하는 전사들이 하는 것처럼 투박한 대립 과정을 통해 이루어진다.

우리가 찬반 의견 중 관용 정신을 가지고 더욱더 북돋우고 격려해야 할 의견이 있다면, 그것은 특정한 때에 특정한 장소에서 우연히 마주하는 소수 의견이다. 그 의견은 흔히 무시되기 일쑤며, 자기 몫을 차지하지 못할 위험을 안고 있는 사람들의 복지를 대변한다.

나는 영국 사람들이 견해 차이에 대해 상당히 관용적이라는 것을 알고 있다. 인간 지성의 현 상태에서는 의견의 다양성을 인정함으로써 그것이 가지고 있는 진리의 모든 측면을 공정하게 취급할 수 있다. 어떤 주제에 대해 세상 사람들이 만장일치의 의견을 표시하는데도 이를 반대하고 비판하는 사람들이 있다면, 설령 세상 사람들이 옳다고 하더라도 비판에 귀를 기울일 만한 가치는 있는 것이다. 만일 그들이 침묵한다면 그 때문에 진리는 무언가를 상실할 가능성이 있기 때문이다.

17. 그리스도교 도덕의 문제는 무엇인가?

"그러나 널리 받아들여지는 어떤 원리들, 그 가운데 특히 중요한 최고의 주제에 관한 원리들은 반쪽의 진리 그 이상이다. 예를 들어 그리스도교 도덕은 도덕 문제에 관해서 진리의 전부이고, 만일 누군가가 그에 반하는 도덕을 가르친다면 그는 전적으로 잘못을 범하는 것이다."라는 반박이 있을 수 있다. 그리스도교 도덕은 실제로 중요하기 때문에 보편적·내적 규율의 타당성을 살펴보기 위해 이보다 더 적절한 주제는 없다. 그러나 무엇이 그리스도교 도덕인지 아닌지를 판단하기 전에 먼저 그것이 의미하는 바를 규정해야 한다.

만일 그것이 《신약성서》에 담겨 있는 도덕을 의미한다면, 그 책에서 그것을 이끌어 낸 사람이 그것을 완전한 도덕이라고 자신 있게 단언할 수 있을까? 나는 이것에 대해 확신할 수 없다. 복음은 항상 기존의 도덕에 대해 말하고, 그 도덕은 구체적으로 어떤 것을 한정해서 설명한다. 더 나아가 복음은 가장 일반적인 용어로 표현되기 때문에 종종 문자 그대로 해석하는 것이 불가능하며, 법률의 정확성보다는 시나 웅변이 주는 감동을 가지고 있기 마련이다.

따라서 《신약성서》로부터 도덕을 이끌어 내기 위해 부족한 상당 부분을 《구약성서》로 보완해야 한다. 예수의 교리에 대한 유대인적 해석을 유대인식으로 보완하는 것에 강한 적대감을 선언한 사도 바울 역시 기존의 도덕, 즉 그리스와 로마의 도덕을 전제했다는 점에서 마찬가지였다. 그리스도인들에 대한 바울의 충고는 노예 제도를 명백하게 지지하면서 그리스와 로마의 도덕을 전폭적으로 수용하라는 것이었다.

사실 신학적 도덕이라고 불리는 그리스도교 도덕은 예수와 그 제자들이 만든 것이 아니다. 그것은 오히려 가톨릭교회에 의해 초기 5세기 동안 완성되었다. 그 뒤 근대인들과 개신교도들은 이것을 무조건 수용하지 않고 그 일부를 수정했다. 하지만 이들에 의해 수정된 것은 매우 적다. 실제로 그들은 중세 시대에 그리스도교 도덕에 추가된 것을 제거하는 정도였으며, 각 종파는 자신들의 성격에 따라 그에 알맞은 내용을 새롭게 추가했다.

나는 인류가 그리스도교 도덕과 그 최초의 스승들에게 많은 빚을 졌다는 점을 부정하는 것은 아니다. 그러나 그리스도교 도덕은 여러 측면에서 불완전하고 한쪽으로 치우친 것이었다. 그리고 그것과 부합하지 않은 사상과 감정이 유럽인의 인격 형성과 삶에 기여하지 않았다면 인류의 삶이란 지금보다 훨씬 더 열악한 조건에 처했을 것이 분명하다고 말하고 싶다.

그리스도교 도덕은 대부분 이교도에 대한 반발에서 비롯되었기 때문에 반동적인 성격을 가지고 있었다. 그 이상은 긍정적이기보다는 부정적이고 적극적이기보다는 소극적이며, 고귀함보다는 결백함을 추구하고 정열적인 선을 추구하기보다는 악에 대한 절제를 강조한다. 구체적인 가르침을 살펴보면, '어떤 것을 하라'는 것보다는 '어떤 것을 하지 말라'는 것이 압도적으로 많다. 그리스도교 도덕은 육체적인 욕구에 대한 공포에서 금욕주의라는 우상을 만들어 냈고, 그것은 점차 율법주의라는 우상으로 전락했다.

그 도덕은 사람들로 하여금 도덕적 삶을 살도록 하기 위해 천국이라는 희망과 지옥이라는 공포를 제시했다. 따라서 그것은 고대인의 숭고한 도덕과 비교해 볼 때 훨씬 열등한 것이다. 왜냐하면 천국에 가고자 하는 동기에서 이웃의 이익을 고려하도록 함으로써 인간의 도덕에 본질적으로 이기주의적인 성격을 부여했기 때문이다.

또한 그것은 본질적으로 수동적인 교리로서 모든 기성의 권위에 순종할 것을 강요한다. 그 명령이 우리 자신에게 해를 끼친다 해도 그것에 저항해서는 안 되며, 더욱이 반란을 일으킨다는 것은 있을 수 없는 일이다. 최상의 이교도 국가의 도덕에서는 국가에 대한 의무가 개인의 정당한 자유를 침해할 정도로까지 막강한 위치를 차지하고 있었다. 반면에 순수한 그리스도교 도덕에서는 그러한 의무를 거의 인정하지 않는다. "자신의 영토 안에서 어떤 관직에 더 적합한 인물이 있는데도 그보다 못한 사람을 그 자리에 임명하는 지도자는 신과 국가에 죄를 범하는 것이다."라는 내적 규율을 우리는 《신약성서》가 아닌 《코란》에서 본다.

현대의 도덕에서는 대중에 대한 의무감을 그다지 중요하게 여기지 않는다. 그나마 그것이 있다 해도 그리스도교에서 비롯된 것이라기보다 그리스와 로마에서 비롯된 것이다. 마찬가지로 사생활의 도덕에서조차 관대함, 고상함, 인간의 존엄성, 그리고 명예심이 있다면, 이는 종교에서 비롯된 것이 아니라 순전히 세속적인 교육을 통해 강조한 것이다. 그것은 복종만을 유일한 가치로 인정하는 윤리 기준, 즉 그리스도교로부터는 결코 생겨날 수 없다.

내가 그리스도교 도덕 안에 이런 결점이 있음을 말하고자 하는 것은 아니다. 또한 완전한 도덕의 필수 요소로서 그리스도교에 포함되어 있지 않은 것이 그리스도교 도덕과 조화를 이룰 수 없다는 것을 말하고자 함은 더욱 아니다.

내가 믿는 바는 다음과 같다.

"그리스도의 말씀이 의도하는 것을 보여 주는 증거는 오직 그의 말씀밖에 없다. 그리스도교 도덕은 보편적 도덕이 요구하는 것과 화해하지 못할 이유가 없다. 도덕의 훌륭한 요소는 그리스도교 도덕 안에 포함될 수 있다."

또한 다음과 같은 믿음도 이것과 관련이 있다.

"그리스도교 도덕은 진리의 일부만을 담고 있으며, 또 그럴 수밖에 없다. 지고의 도덕을 이루는 많은 본질적인 요소들이 그리스도교 창시자의 말씀 속에 제시되지 않았고, 또 제시되도록 의도하지도 않았다. 오히려 그 말씀에 기초해서 그리스도교 교회에 의해 수립된 윤리 체계 속에서 그 본질적인 요소들은 내팽개쳐졌다."

이런 이유로 우리의 행위를 인도하는 완전한 규칙을 그리스도교 교리 속에서 발견하고자 하는 것은 큰 실수라고 생각한다. 또한 이 편협한 생각은 실제적으로 많은 사람이 오랫동안 실시한 도덕 교육과는 대단히 동떨어진 것이다.

18. 의견의 자유와 발표의 자유가 인류 복지에 필요한 네 가지 이유

내가 우려하는 것은 전적으로 종교적 교리에 의해 인간의 정신과 감정을 형성하려는 것이다. 지금까지 그리스도교 도덕과 공존해 오면서 그 부족한 점을 서로 보완해 왔던 세속적 도덕규범을 폐기한다면, 천하고 비열한 노예근성을 가진 인간이 양산될 것이다. 아니 벌써부터 양산되고 있다. 그런 인간은 최고 의지라고 생각하는 신에 대해서는 복종하겠지만 인류가 추구해야 할 최고선에는 결코 도달할 수 없다.

나는 인류가 도덕을 새롭게 정립하기 위해 오로지 그리스도교에서만 나올 수 있는 윤리와는 별개의 윤리가 그것과 공존해야 한다고 생각한다. 또한 그리스도교에서도 진리를 위해 의견의 다양성을 필요로 한다고 믿는다.

진리의 일부를 마치 전체인 것처럼 확신할 때는 반드시 이에 대한 저항이 있어야 한다. 그리스도교에서는 이러한 저항을 관용으로 받아들여야 한다. 만일 그리스도인들이 이교도들에게 공평하게 행동할 것을 가르치려고 한다면, 그들 자신도 이교도에게 공평하게 행동해야 한다. 문학사에 대해 보통의 지식을 가진 사람이라면, 가장 가치 있는 도덕적 가르침의 많은 부분이 그리스도교 신앙을 모르는 사람들뿐만 아니라 그것을 알고도 거부한 사람들에 의해 이루어졌다는 사실을 알고 있다. 이런 사실을 무시하는 것은 진리 (**획득**)에 도움이 되지 않는다.

나는 무제한적인 의견 발표의 자유를 통해 종교적 또는 철학적 분파주의가 지닌 해악에 종지부를 찍을 수 있음을 말하고자 하는 것이 아니다. 포용력이 좁은 사람들은 그들이 주장하는 모든 진리가 마치 이 세상에 존재하는 유일한 진리인 것처럼, 또는 어떠한 경우에도 그러한 진리를 제한하거나 수정하는 일이 불가능한 것처럼 주장하고 가르친다. 하지만 사실 모든 의견은 분파적인 경향을 띠기 마련이다. 이러한 경향은 자유로운 토론에 의해 고쳐지기보다는 오히려 더 강해지고 악화되기도 한다. 반대자가 제시했다는 이유로 그것을 더욱 더 격렬하게 거부하는 경향이 있기 때문에 당연히 인정받아야 하는데도 인정받지 못하는 진리가 있지 않은가.

사실 가공할 만한 해악을 끼치는 것은 부분적인 진리들이 격렬하게 대립하는 경우가 아니다. 오히려 반쪽짜리 진리가 나머지를 은밀하게 억압하는 경우에 일어난다. 찬반양론을 모두 듣는 경우에는 그나마 희망이 있다. 하지만 한쪽 의견에만 주의를 기울일 경우, 오류는 편견으로 굳어지고 진리는 왜곡되어 허위가 되기 일쑤다.

어느 문제의 한편만을 변호하는 사람 앞에서 그 문제의 양편 사이에 앉아 현명한 판단을 내릴 수 있는 재판관의 정신적인 능력보다 더 소중한 정신적인 능력은 없다. 따라서 진리의 모든 측면, 비록 소수 의견이라 하더라도 조금이라도 진리를 담고 있는 모든 의견에 대해 우리는 변호인을 가질 수 있어야 하고, 그럼으로써 그 의견을 충분히 변호할 수 있어야 하며, 그것에 귀를 기울임으로써 진리를 발견할 수 있는 기회를 제공받아야 한다.

이제 우리는 네 가지의 명백한 근거로 인해 의견의 자유와 이를 발표하는 자유가 인류의 정신적 복지(인류의 다른 모든 복지는 이 정신적 복지에 의존한다)에 필수적이라는 사실을 알게 되었다. 그것을 간단히 요약해 보자.

첫째, 어떤 의견이 침묵을 강요당할 경우, 확신할 수는 없지만 그 의견이 진리일 수도 있다. 이것을 부정하는 것은 우리 자신의 무오류성을 가정하는 것이다.

둘째, 침묵을 강요당한 의견이 오류일지라도 그것은 진리의 일부분을 포함할 수도 있다. 또 일반적이고 지배적인 의견이라고 해도 그 대부분은 진리의 전체가 아닐 수 있다. 따라서 완전한 진리를 추구하기 위해 지배적인 의견에 반대되는 의견이 지니고 있는 진리의 일부를 수용해야 한다.

셋째, 사회 통념이 진리일 뿐만 아니라 진리의 전체라고 하더라도, 그것에 대해 활발하고 진지하게 논쟁하지 않거나 논쟁을 허용하지 않는다면, 그것을 받아들이는 사람들은 합리적인 근거에 대한 느낌이나 이해 없이 편견의 형태로 그것을 지지하는 것에 불과하다.

넷째, 자유로운 토론이 없다면 그 교리는 의미가 상실되거나 약화된다. 그것은 단순한 형식적인 신앙 고백에 그치며, 선을 만들어 낼 수 없다. 그 결과 이성적인 판단이나 개인적인 경험에서 비롯되는 실제적이고 감동적인 확신이 생겨나는 것을 막고, 그런 근거를 제공하지 못하게 방해한다.

19. 공공 토론에서 유념해야 할 사항

모든 의견의 자유로운 발표는 온건하고 공정한 토론의 범위를 넘어서지 않아야 한다고 말하는 사람들이 있다. 우리는 이들에게 주목할 필요가 있다. 공정한 토론의 범위란 무엇일까? 이에 대해서는 많은 논란이 있을 수 있다.

왜냐하면 공정한 토론의 기준이 의견을 공격받는 사람을 불쾌하게 만드는지의 여부라면, 그 공격이 강력할 때는 언제나 불쾌감을 느끼기 때문이다. 토론에서 상대방을 강하게 궁지에 몰아넣어 그가 답변하기 벅차게 만드는 반대자는 반드시 상대방에게 난폭한 사람으로 보인다는 사실을 우리는 경험으로 알 수 있다.

진실한 의견이라 하더라도 의견을 주장하는 태도는 불쾌할 수 있고, 당연히 심한 비난을 불러일으킬 수 있다. 가장 심각한 경우는 궤변을 늘어놓거나, 사실이나 논증을 은폐하거나, 사건의 요점을 잘못 기술하거나, 반대편의 의견을 잘못 전달하는 것 등이다.

그러나 사람들은 이런 행위에 대해 무지하다거나 무능하다고 여기지 않는다. 또한 그들은 논쟁할 때 지속적으로 그런 행위를 하기 때문에, 이러한 그들의 왜곡을 도덕적으로 유죄라고 낙인찍는 것은 거의 불가능하다. 하물며 법이 이런 잘못된 행위에 제재를 가하는 것은 더욱더 불가능하다.

토론에서 일반적으로 금지하는 것은 욕설, 냉소적인 태도, 인신공격 등이다. 이러한 무기를 양쪽 모두에게 똑같이 금지한다면 사람들은 공감할 것이다. 그러나 대부분 유력한 의견에 대해서는 이러한 무기를 제대로 활용할 수 없다. 하지만 유력하지 못한 의견에 대해 그 무기를 사용하는 것은 비난받지 않는다. 오히려 그것을 사용하는 사람은 순수한 정열과 의분을 가진 사람이라고 칭찬받는다. 무기를 사용함으로써 생기는 해악은 상대적으로 방어 능력이 없는 대상에게 사용할 때 가장 크다.

논쟁 당사자가 저지를 수 있는 이처럼 부당한 행위 중에서 가장 나쁜 것은 반대 의견을 주장하는 사람을 악하고 부도덕한 사람으로 낙인찍는 것이다. 특히, 널리 받아들여지지 않는 의견을 주장하는 소수의 사람들이 이러한 비난을 잘 받는다. 왜냐하면 그들은 수적으로 소수이고 사회적으로 영향력이 없으며, 그들 외에는 어느 누구도 그들이 토론에서 공정한 대우를 받는지에 대해 관심을 갖지 않기 때문이다.

사회 통념에 반대되는 의견을 주장하는 사람들은 발언권을 겨우 얻는다. 그들은 온건한 언어를 심사숙고해서 쓰고 다수자를 자극할 수 있는 불필요한 일을 조심스럽게 피하고자 한다. 왜냐하면 이러한 주의에서 조금이라도 벗어날 경우 그들은 어김없이 공격을 받아 그 입지를 잃어버리기 때문이다.

반면에 유력한 의견을 펴는 쪽에서 소수자에게 터무니없는 욕설을 하면, 사람들은 소수 의견을 말하지 않을 것이며, 그것을 발표하는 사람들에게 귀를 기울이지도 않을 것이다.

그러므로 진리와 정의를 추구하기 위해서는, 다수 의견보다는 소수 의견을 주장하는 사람들에게 함부로 욕설을 사용하지 말아야 한다는 것이 훨씬 중요하다. 예를 들어 둘 중에 하나를 택해야 한다면, 종교인보다는 무신론자에 대한 모욕적인 공격을 억제하는 것이 더욱더 필요하다고 말할 수 있다. 논쟁에서 그가 어느 편이든, 자신의 주장을 변호하면서 공정하지 못한 태도를 보이거나 악의를 지니고 있다거나 아집에 빠져 불관용의 태도를 보이는 사람들은 모두 비난받아야 한다.

그러나 어떤 사람이 토론에서 우리의 반대편에 서더라도, 앞에서 말한 악덕 행위를 그가 주장하는 의견으로부터 추론해서는 안 된다. 또한 그가 주장하는 의견이 무엇이든 간에 자신의 의견에 반대하는 사람이 누구며, 그 반대 의견이 진정 어떤 것인지를 냉정하게 지켜보면서 솔직하게 진술하는 사람, 반대자들에게 불리한 사항을 과장하지 않으며, 반대자들에게 유리하거나 그렇게 될 수 있는 것을 숨기지 않는 사람은 존경받아야 한다. 이것이 공공 토론에서 지켜야 하는 진정한 도덕이다. 사실 토론에서 이 도덕은 종종 지켜지지 않기도 한다. 하지만 이를 준수하는 많은 토론자들이 있고, 더 많은 사람이 이 도덕을 위해 양심적으로 노력하고 있다는 사실을 생각하면 나는 흐뭇하다.

제 **3** 장_ 복지의 한 요소로서의 개성

제3장 _ 복지의 한 요소로서의 개성

　인간은 자신의 개성과 독창성을 발휘하면서 성장해 나가는 꿈꾸는 나무 같은 존재다. 밀은 제3장을 통해 이러한 개성과 독창성이 인간 사회에서 매우 귀중한 요소며, 그것이 바로 인간의 복지에 절대적인 가치를 부여하는 것임을 거듭 강조한다. 특히 밀의 시대에 널리 퍼졌던 개성의 소멸과 대중의 상호 동화 작용, 즉 획일화에 대해 심각하게 걱정한다.

　우리가 인간을 숭고한 아름다움의 대상으로 여기는 이유는 무엇일까? 그것은 내적으로 깨어 있는 인간 정신의 무한한 힘 때문이다. 우리는 그 힘을 기반으로 관습의 독재에서 벗어나려 하고, 개인의 열망을 이루려고 하며, 사회 개선을 꾀하고자 한다. 이러한 인간의 의지가 마음껏 발휘될 수 있도록 하기 위해 사회에는 개성과 독창성을 지닌 깨어 있는 사람이 많아야 한다. 왜냐하면 이들을 통해 한 개인뿐만 아니라 전 인류의 더 나은 발전을 도모할 수 있기 때문이다.

　밀은 많은 역사적 사례, 칼뱅파의 이론이나 중국의 예를 들면서 사회에서 개성을 없애는 것, 다시 말해 다양성을 막고 획일화하는 것에 대한 위험성을 경고한다. 획일화가 이루어지는 순간 그 사회는 점차 쇠퇴할 수밖에 없다는 것이다. 특히 밀은 대중 여론이 지배하는 근대 사회가 획일화를 조장하는 문제점을 지적하면서, 이에 대한 시급한 조치가 필요하다고 강조한다. 그렇다면 획일화를 추구하는 사회와 개성과 다양성을 추구하는 개인은 어떻게 조화를 이룰 수 있을까? 이 문제에 대한 답을 생각하면서 다음 내용을 읽어 보자.

1. 개인의 자유와 그 행위에 대한 제한은 어디까지인가?

인간이 자유롭게 자신의 의견을 형성하고 거리낌 없이 발표할 수 있는 자유가 중요하다는 것은 앞에서 밝힌 바와 같다. 이러한 자유가 허용되지 않거나 금지를 무릅쓰고라도 주장하지 않을 경우, 우리의 지성에 악영향을 미치고 그로 인해 우리의 도덕성에도 악영향을 미치는 이유 또한 이미 밝힌 바와 같다.

동일한 논리에 따라 인간이 자신의 의견에 따라 자유롭게 행위할 수 있는지에 관해 살펴보기로 하자. 단, 여기서의 행위는 주변의 물리적·도덕적 방해 없이 자신의 책임과 위험 부담 아래서 행해야 하며, 자신의 의견을 생활 속에서 실현해 나가야 한다는 것이 반드시 필요한 단서 조항이다.

개인의 의견이 자유로워야 한다는 것과 마찬가지로 행위까지 절대적으로 자유로워야 한다고 주장하는 사람은 없다. 오히려 그 반대로 어떤 의견을 발표하는 것이 해로운 행위를 선동할 경우에는 그 의견도 책임을 면할 수 없다.

가난한 사람이 빈곤에서 벗어나지 못하는 이유는 사악한 곡물상 때문이며, 사유 재산은 도둑질과 다름없다는 주장을 출판물을 통해 유포한다면 우리는 그를 박해해서는 안 된다. 그러나 똑같은 의견이 곡물상 집 앞에 모인 성난 군중들에게 직접 그 사람의 목소리로 전달되거나 플래카드의 형태로 전달되어 이를 통해 그들의 분노가 솟구쳤다면, 이는 당연히 처벌 대상이다. 사회는 정당한 이유 없이 타인에게 피해를 주는 행동을 규제할 수 있으며, 매우 중대한 경우에는 이를 규제하는 것이 절대적으로 필요하기 때문이다.

개인의 자유는 다음의 조건을 충족해야 한다. 즉, 타인에게 피해를 주어서는 안 된다. 만일 그가 타인과 관련이 있는 일에서 타인에게 해를 끼치는 것을 자제하고 자신과 관계되는 일에서 자신의 성향과 판단에 따라 행동한다면, 개인의 의견이 자유롭게 개진되어야 한다는 논리에 따라 그는 자신의 의견을 자신의 책임 아래 행동으로 옮길 수 있을 것이다.

그런데 인간은 오류를 범할 수밖에 없는 존재다. 대부분의 경우 그들이 말하는 진리는 반쪽짜리에 불과하지 않은가. 우리가 어떤 견해를 반대되는 견해와 함께 자유롭게 충분히 토의하지 않는다면, 그 견해는 바람직하다고 볼 수 없다. 하물며 반대되는 견해와 비교조차 하지 않은 견해는 더 말할 것도 없다.

사람들이 진리의 모든 측면을 인식하는 능력이 지금보다 훨씬 더 나아질 때까지 다양한 의견이 이 세상에 존재하는 것은 악이 아니라 오히려 선이다. 그리고 이것은 사람들의 의견뿐만 아니라 그들의 행동 양식에도 적용할 수 있다. 즉 다양한 행동 양식이 존재한다는 것도 선이다.

다시 말해 사람은 불완전한 존재기 때문에 다양한 의견들이 존재하는 것이 유익하다. 마찬가지로, 서로 다른 생활이 존재하는 것 또한 유익하다. 또 다른 사람들에게 피해를 끼치지 않는 한도 내에서 다양한 성격을 지닌 사람들이 자유롭게 활동할 수 있도록 하는 것도 유익하다.

또한 남들과 다른 생활 양식을 시도하는 것이나 다른 사람과 관계되지 않는 일에서 자신만의 개성을 주장하는 것은 바람직하다. 왜냐하면 자신의 판단이 아닌 다른 사람들의 판단에 따라 자신의 행동이 결정된다면 인간은 결코 행복할 수 없기 때문이다. 개인 자신의 성격에 따라서가 아니라 다른 사람이 세운 전통과 관습이 행동 규범인 곳에서는 자신의 행위를 스스로 결정하는 것이 인간의 행복을 구성하는 주요 요소며 개인과 사회의 진보를 가져오는 핵심이라는 사고가 결여되어 있다.

이런 원칙을 밝히는 데서 부딪치는 가장 큰 어려움은 널리 인정되는 목표를 성취하는 수단에 대한 이해가 부족한 것이 아니라, 목표 자체에 대한 일반인들의 무관심이다. 만일 개인의 자유로운 개성을 발휘하는 것이 복지의 핵심 요소 중 하나라는 사실과 그것이 문명·훈련·교육·문화 등과 대등한 요소이자 그 자체가 이 모든 것을 위해 반드시 필요한 부분이며 조건이라는 사실을 절실하게 느낀다면, 자유가 과소평가될 위험도 없으며 자유와 사회 통제 사이의 경계를 조정하는 일도 별다른 어려움을 겪지 않을 것이다.

2. 개성의 중요성

　일반적인 사고방식에 따르면 개인의 자발성은 어떤 고유한 가치를 갖는다거나 그 자체로 존중되어야 한다고 인정되지 않는다. *(하지만)* 사실 그런 사고방식은 매우 해로운 것이다. 인류가 살아가는 현재의 생활 방식에 만족하는 대부분의 사람들은 그 생활 방식이 모든 사람을 위해서 충분히 좋은 것이 아니라는 주장을 이해할 수 없다. 더욱이 자발성은 대부분의 도덕적·사회적 개혁가들이 지니는 이상의 일부로도 여기지지 않는다. 이들 개혁가들은 자발성을 오히려 자신들의 판단에 따라 인류에게 최선이라고 생각해서 제공한 것을 수용하지 못하게 만드는 장애물로 여기며, 질투 어린 눈초리로 이를 경계한다.

　석학으로서뿐만 아니라 정치가로도 뛰어난 재능을 보인 빌헬름 폰 훔볼트(Wilhelm von Humboldt, 1767~1835)가 쓴 다음 논문의 의미를 이해하는 사람이 독일 밖에서는 아마 거의 없을 것이다.

　"인간의 목표는, 모호하고 일시적인 욕망이 제시하는 것이 아니다. 그것은 영원하고 불변하는 이성의 명령이 규정하는 것이다. 이렇게 규정하는 것은 인간의 능력을 최고 수준으로 발달시켜 완전하고 조화로운 전체를 형성하는 데 있다. 그러므로 모든 인간은 끊임없이 노력해야 하며, 동료들에게 영향력을 행사하고자 하는 사람들이 특히 주목해야 할 것은 진취적이고 발전적인 개성이다. 이것을 위한 두 가지 전제 조건은 자유와 다양한 상황이다. 이것이 결합함으로써 개인의 활력과 다양성이 생겨나고, 또한 이 후자의 결합으로부터 독창성이 생겨난다."

사람들은 젊은 시절, 인류의 경험이 축적된 내용을 교육을 통해 배우고 그것을 토대로 살아가야 한다는 것을 부인하지 않는다. 그러나 그의 정신적인 능력이 성숙했을 때, 자신만의 특유한 방법으로 그 경험을 활용하고 해석할 수 있어야 한다. 그것이 바로 인간이 지닌 특권과 정당한 조건이라고 하겠다.

다른 사람들이 행하는 전통과 관습은 어느 정도까지는 중요하다. 따라서 이것을 존중하는 것은 당연하다. 하지만 여기서 우리가 유념해야 할 점이 있다. 첫째, 이러한 전통과 관습이 공간적으로 좁은 범위에서 형성된 것이거나 올바르게 해석되지 않을 수도 있다는 사실이다. 둘째, 경험에 대한 해석은 올바르지만 그들에게 적합하지 않을 수도 있다는 점이다. 관습은 통상 어떤 상황에서 만들어진 것이다. 따라서 특정한 상황에 적합하지 않을 때는 부적절한 관습이 될 수 있다. 셋째, 비록 그 관습이 관습으로는 좋은 것이고 적합할지라도,

단지 그것이 관습이라는 이유만으로 그것에 맹목적으로 순응하는 것은 옳지 않다는 것이다. 따라서 과거에 행해졌던 관습일지라도 그것이 지금 자신의 상황에 가장 적절하게 적용될 수 있는지를 살펴보는 것은 그 자신의 몫이다.

3. 개성은 인간을 가장 인간답게 만든다

인식, 판단, 차별적인 감정, 정신 활동, 그리고 도덕적 선호도 등 대부분의 인간 능력은 어떤 상황에서 선택을 할 경우에 발휘될 수 있다. 중요한 선택의 순간에 다만 그것이 관습이기 때문에 따르고 행동하는 사람이 있다면, 그는 실제로 아무런 선택을 하지 않은 것과 마찬가지다. 그는 최선의 것이 무엇인지를 판단하는 데서 아무런 훈련도 하지 않은 것이다. 육체적 능력과 마찬가지로 정신적·도덕적 능력도 인간이 활용할 경우에만 향상된다. 다른 사람들이 하기 때문에 그냥 따라 하는 사람은 다른 사람이 믿기 때문에 그냥 믿는 경우와 마찬가지로 그들의 능력을 개발할 수 없다.

만일 어떤 주장의 근거를 발견하는 데서 그 자신의 이성적 판단에 따르지 않는다면, 그는 그 근거를 택함으로써 그가 지닌 이성의 역할을 강화시키는 것이 아니라 오히려 약화시킬 가능성이 크다. 또한 어떤 행동의 동기가 자신의 감정이나 성격에 들어맞지 않는다면 그것은 그의 감정과 성격을 생기 없게 만들고 무기력하게 할 뿐이다.

자신의 인생에 대한 설계를 세상 사람들에게 대신하도록 하는 사람은 원숭이가 지닌 모방적 재능만을 필요로 할 것이다. 하지만 자신의 계획을 스스로 선택하는 사람은 자신이 가진 모든 재능을 발휘할 수 있다. 예를 들면 관찰 능력을 통해 보고, 논리와 판단 능력을 통해 예측하고, 활동 능력을 통해 결정하기 위한 자료를 수집하고, 판별을 통해 결정하고, 결정했을 때는 심사숙고한 결정을 지지하기 위해 확고한 의지와 자기 통제 능력을 발휘하는 것이다. 그리고 자신의 판단과 감정에 따라 행위를 결정하는 정도에 정비례해서, 이러한 자질을 발휘할 수 있다.

인간의 삶을 통해 완벽하고 아름답게 만드는 것이 정당화되는 것 가운데 가장 중요한 것은 당연히 인간 자신이다. 집을 짓고, 곡식을 재배하고, 전투를 치르고, 재판을 하고, 교회를 세우고, 기도하는 것조차 사람의 형상을 한 자동 기계가 대신할 수 있다고 가정해 보자. 그렇게 가정하더라도 현재의 더 문명화된 세계에 살고 있고, 자연이 생산할 수 있고 앞으로도 생산할 표본 중 확실히 빈약한 것에 지나지 않는 남자와 여자일지라도 이 자동 기계와 교환하는 것은 엄청난 손실이다. 인간은 모형에 따라 만들어지고 그것에 맡겨진 작업을 정확하게 하도록 설정된 기계와 같은 존재가 아니다. 인간은 자신을 생명체로 만드는 내면적인 힘을 토대로 모든 방향으로 성장을 꿈꾸는 나무와 같은 존재다.

사람들이 판단력을 행사하는 것이 바람직하다는 사실은 누구에게서나 인정될 것이다. 마찬가지로 스스로의 이성적 판단에 의해 관습을 따르거나 또는 이성적으로 관습에서 일탈하는 것이, 맹목적이고 단순하게 관습을 기계적으로 답습하는 것보다 바람직하다는 사실 또한 누구나 인정할 것이다.

그러나 우리의 욕구와 충동도 우리 자신의 것이어야 하고, 우리 스스로 아무리 강렬한 충동을 지닌다고 할지라도 그것은 결코 위험하지 않으며 유혹에 빠질 함정이 아니라는 점에 대해서는 그렇게 쉽사리 인정하려 들지 않는다. 욕구와 충동은 신념이나 절제와 마찬가지로 인간이 지니고 있는 한 부분이다. 그리고 인간의 강렬한 충동이 적절한 균형을 잃어버렸을 경우, 즉 어떤 것이 너무 강하게 발달되어 공존해야 할 다른 것이 상대적으로 약하고 무기력해지는 경우에만 우리는 위험한 상태에 처하게 된다. 사람들이 나쁜 행동을 하는 이유는 그들이 지닌 욕망이 강해서가 아니라 오히려 그들의 양심이 약하기 때문이다. 강렬한 욕망과 약한 양심 사이에는 자연적인 연결 관계가 없다.

한 사람의 욕구와 감정이 다른 사람보다 더 강렬하고 다양하다는 것은 그가 인간 본성을 더 많이 가지고 있기 때문에 확실하게 더 많은 선을, 그리고 더 많은 악을 행할 능력이 있다는 것과 같다. 강렬한 충동은 활력의 또 다른 이름이기 때문이다. 그런데 이러한 활력은 종종 악용될 수 있다. 하지만 더 많은 선은 항상 나태하고 무감동적인 성격보다는 활력적인 성격에서 나온다. 가장 자연스러운 감정을 느끼는 사람은 언제나 변함없이 자신이 직접 가꾼 감정을 가장 강력하게 만드는 사람이다. 개인적인 충동을 활기 있고 강력하게 만드는 감수성이, 도덕적 덕을 함양할 수 있으며 엄격하게 자신을 통제할 수 있는 원천을 낳을 수 있다.

이와 같은 개인의 감수성을 개발함으로써 사회는 전체의 이익을 증진시킬 수 있다. 욕구와 충동을 지니고 있는 사람은 개성을 가진 사람이다. 만일 그의 충동이 그 자신의 것뿐만 아니라 자신의 강렬하면서도 강력한 의지에 의해 이끌리고 있다면, 그는 활력적인 개성을 갖고 있는 것이다. 만일 다양한 욕망과 충동을 가진 개성의 발전을 장려해서는 안 된다고 생각하는 사람들이 있다면 그들은 다음과 같이 주장할 것이다.

"원래 사회는 다양한 본성을 필요로 하지 않으며, 활력이 일반적인 평균 수준보다 높은 것도 바람직한 일은 아니다. 사실 사회는 다양한 성격을 가진 사람들이 많다고 해서 그만큼 더 좋아지는 것도 아니다."

4. 개성과 자발성 부족에서 나타나는 문제와
칼뱅주의의 사례

어떤 사회의 초기에는 개인의 욕구와 충동이 가진 힘이 사회가 그
것을 훈련하고 통제할 수 있는 힘을 능가할 수 있다. 실제로 개인의
자발성과 개성이 지나치게 강해서 사회가 이것과 힘겨운 투쟁을 했
던 때가 있었다. 그럴 때 사회가 지닌 어려움은 강력한 정신과 육체
를 가진 사람들에게 그들의 충동을 통제하라고 요구하는 법과 규칙
을 준수하도록 끊임없이 권고하는 일이었다.

이러한 어려움을 극복하기 위해 법과 규율은 마치 교황들이 황제
들에게 대항하는 것과 같이 모든 인간에 대한 그들의 지배권을 주장
하고, 개성을 통제하기 위해 인간 생활 전체를 통제하겠다고 했다.
사회는 그것 외에 개인을 구속할 수 있는 적절한 수단을 찾지 못
했다.

오늘날에는 사회의 힘이 너무 강해서 개성을 능가하기 때문에, 인
간 본성을 위협하는 요소는 개인적인 충동이나 선호가 너무 많다는
데 있지 않고 오히려 그것이 부족하다는 데 있다. 사회적 지위나 개
인적인 재능으로 인해 강력해진 사람들의 활력은 법률과 명령에 습
관적으로 저항을 시도하기 때문에 사람들의 활력을 엄격하게 속박할
필요가 있었던 시대와 비교해 볼 때, 지금의 세상은 많이 달라졌다.

우리 시대에는 사회의 최상위 계급에서부터 최하위 계급에 이르기까지 모든 사람이 적의에 가득 차 있고 소름 끼치는 감시 아래 생활하고 있는 것 같다. 타인과 관련되는 일뿐만 아니라 자신에게만 관련되는 일에서도 개인이나 가족은 다음과 같은 질문을 던지지 못한다.

"나는 무엇을 선호하는가? 나의 성격과 기질에 적합한 것은 무엇인가? 무엇이 나의 내면에 있는 가장 선하며 가장 고귀한 것에 활력을 주어 그것들이 성장하고 번성할 수 있게 해 주는가?"

이 질문 대신에 그들은 "나의 분수에 적합한 것은 무엇인가? 나와 비슷한 지위와 경제적 형편에 놓인 사람들은 대체로 무엇을 하는가?" 같은 질문을 던진다. 그리고 그보다 더 나쁜 질문은 "나보다 우월한 지위와 상황에 처해 있는 사람들은 주로 무엇을 하는가?"라는 것이다.

내가 말하고자 하는 것은 그들이 자신의 성향에 적합한 것보다 관습적인 것을 선택한다는 말이 아니다. 오히려 그것은, 관습을 제외할 경우 어떤 성향을 갖는다는 것 자체가 그들 머리에 떠오르지 않는다는 것이다. 그래서 그들의 정신 자체는 일정한 굴레에서 벗어나지 못하며, 사람들은 오락을 위해 하는 일에서조차 순종을 가장 먼저 생각한다. 그들은 군중들 속에 있기를 좋아한다. 그들은 습관적으로 행해지는 것들 속에서 자신의 것을 선택한다. 그들은 독특한 취미 생활과 기이한 행동 방식을 범죄같이 여기며 이를 기피한다. 자신들의 본성을 따르지 않기 때문에 그들은 결국 따라야 할 스스로의 본성조차 갖지 못한다. 이렇게 되면 그들의 인간적인 능력은 시들어 말라 죽고 만다. 그들은 강력한 욕망이나 선천적인 쾌락을 가질 수 없고, 대부분은 자신의 내면에서 생겨난 의견이나 감정을 갖지 못한다. 그렇다면 우리는 과연 이것을 인간 본성의 이상적인 모습이라고 볼 수 있을까? 아니면 그 반대인가?

칼뱅주의 이론에 따르면, 자신의 성향에 적합한 것보다 관습적인 것을 선택하는 것이 바람직하다. 이에 따르면, 인간이 지닌 가장 큰 악덕은 아집이다. 인간이 행해야 할 선은 모두 복종 안에 들어 있다. 사람들은 선택하지 못한다. 그래서 사람들은 해야만 하는 것을 해야 하고, 다른 선택을 해서는 안 된다. 즉 "의무가 아닌 것은 모두가 죄악이다." 인간 본성이 근본적으로 악하기 때문에, 인간 본성이 인간 속에서 없어지기 전까지는 어느 누구도 구제될 수 없다.

이러한 인생관을 믿는 사람에게 인간의 재능, 능력, 감수성 등을 파괴하는 것은 해를 끼치는 행위가 아니다. 인간은 능력을 필요로 하는 존재가 아니라 신의 의지에 자신을 전적으로 내맡겨야 하는 존재기 때문이다. 그리고 만일 그가 신의 의지를 효과적으로 실천하기 위한 것 이외의 목적으로 자신의 능력을 사용한다면, 그에게는 오히려 그 능력이 없는 편이 더 낫다. 이것이 칼뱅주의 이론에서 강조하는 내용이다. 그리고 그것은 어느 정도 완화된 형태로, 스스로를 칼뱅주의자로 생각하지 않는 많은 사람들에 의해 아직까지도 신봉되고 있다. 그 완화된 부분은 이른바 신의 의지에 대해 금욕주의적인 해석을 다소나마 적게 하는 것이다. 사람들은 인간이 그들 성향의 일부를 만족시켜야 하는 것이 신의 의지라고 주장한다. 물론 그것조차도 그들 스스로가 선호하는 방식으로서가 아니라 신에게 복종하는 방식으로, 다시 말해 권위에 의해 그들에게 지시된 방식으로, 그리고 만인에게 똑같이 만족시켜야 한다는 필연적인 조건을 붙여 행하는 것이다.

오늘날에는 눈에 잘 띄지 않는 교활한 형태로 이렇게 편협한 인생관과 그것이 권장하는 옹색하고 고루한 유형의 인간성을 지향하려는 성향이 강하게 존재한다. 많은 사람들이 구속당해 왜소해진 인간형이 그 창조자가 설계한 형상 자체라고 믿고 있다는 것은 의심의 여지가 없다.

그러나 만일 선한 존재, 즉 신이 인간을 창조했다는 것이 종교의 한 부분이라면, 이 존재가 모든 인간에게 능력을 준 이유는 인간의 그런 능력을 아주 없애 버리는 것이 아니라 계속 가꾸고 펼치는 데 있을 것이다. 또한 신의 피조물들이 그들 내부에 구현되어 있는 이상적인 상태로 한 걸음씩 더 나아가는 것, 즉 이해하고 활동하며 즐기는 능력을 증가시키는 것이 창조주를 만족시킬 것이다. 그러므로 이런 믿음을 갖는 것이야말로 이 신앙과 더욱 일치할 수 있다. 세상에는 칼뱅주의에서 주장하는 것과 다른 인간의 탁월성이 있다. 단지 억제되기 위해서가 아니라 다른 목적을 위해 부여된 인간 본성이라는 의미의 인간 개념이 바로 그것이다.

5. 인간이 숭고한 아름다움의 대상이 되는 이유는 개성의 발전 때문이다

인간들이 숭고하고 아름다운 관조의 대상이 되는 것은 그들이 지닌 개성을 획일적으로 소모하는 것이 아니라, 타인의 권리와 이익을 침범하지 않는 범위 안에서 그것을 끊임없이 계발하고 가꾸기 때문이다. 마치 예술 작품이 그 저작자의 성격을 드러내듯이 인간의 행동도 그것을 행하는 사람의 성격을 반영한다. 이렇게 인간이 자신의 개성을 계발하는 과정을 통해 그의 생활은 더욱 풍부해지고 다양해지며 생동감이 넘치게 된다. 그리하여 인간 생활은 자신의 훌륭한 사상과 북돋워진 감정에 자양분을 제공하고, 사람들이 자신의 종족에 소속되는 것에 무한한 가치를 둠으로써 개인과 종족을 연결하는 유대를 강화한다.

개인은 개성이 발달해 나감에 따라 그 자신에게 더욱더 가치 있는 존재가 되며, 다른 사람들에게도 더욱 값진 존재가 될 수 있다. 그렇게 되면 자신이 살아가는 데 더욱더 활력이 넘치며, 모든 개인이 더 많은 활력을 가지면 그런 개인들로 구성된 전체 사회도 더 많은 활력을 갖게 된다.

강렬한 인간 본성을 지닌 사람들이 타인의 권리를 침해하지 못하도록 하기 위해 그들을 어느 정도 억제하는 것은 불가피하다. 타인을 위해 엄격한 정의 규범을 준수하는 것은 타인의 행복을 목적으로 하는 감정과 능력을 키울 수 있다. 그러나 단순히 다른 사람들에게 불쾌감을 준다는 이유로 다른 사람의 행복에 아무런 영향을 미치지 않는 행동을 억제하는 것은 어떤 가치도 발달시키지 못한다. 이런 억제에 말없이 복종한다면, 인간의 본성 전체는 무뎌진다. (*따라서*) 저마다의 본성을 공정하게 다루기 위해, 다양한 사람들이 다양한 삶을 영위할 수 있도록 허용해야 한다.

이러한 자유가 어느 시대에 어느 정도까지 인정되었는지는 후세의 주목을 받아 왔다. 전제 정치조차도 그 속에 개성이 존재한다면, 최악의 해로움을 주지는 않는다. 그리고 개성을 파괴하는 것은 그것이 어떤 이름으로 불리든 독재다. 설사 그것을 행하면서 공공연하게 신의 의지를 구현한다거나 인간의 명령을 실행한다고 공언해도 그것은 모두 독재일 뿐이다.

개성은 인간의 발달과 동일한 것이다. 개성을 개발하는 것만이 잘 발달된 인간을 낳을 수 있는 유일한 길이다.

"개성이 인간을 최고의 경지에 이르도록 한다는 것보다 더 어떤 많은 말이나 훌륭한 말이 있을 수 있겠는가? 또는 인간의 행복을 실현하는 데 개성을 가로막는 것보다 더 나쁜 일이 무엇이 있겠는가?"

그러나 이 정도의 주장은 철저한 확신을 갖고자 하는 사람들에게는 분명히 충분하지 않다. 더 나아가 개성이 발달한 사람들이 발달하지 못한 사람들에게 무엇인가 도움이 될 수 있다는 것을 보여 줄 필요가 있다. 자유를 원하지도 않고 누리지도 않는 사람들에게 반드시 지적해야 할 것은, 다른 사람들에게 방해되지 않고 누리는 자유를 허용한다면 그들도 분명히 이익을 얻을 수 있다는 점이다.

첫째로, 나는 발달하지 못한 사람들이 발달한 사람들로부터 무언가를 배울 수 있다는 점을 지적하고자 한다. 어떤 사람도 독창성이 인간에게 가치 있는 요소라는 점을 부인하지 않을 것이다. 새로운 진리를 발견함으로써 한때 진리였던 것이 어느 시점에서는 더 이상 진리가 아니라는 점을 지적해 주는 한편, 새로운 관행을 시작하고, 인간 생활에서 더욱더 개화된 행위, 더 나은 취미와 감각의 사례를 보여 주는 사람들이 이 세상에는 항상 필요하다. 이 세상에 존재하는 모든 관행이 완벽하다고 믿지 않는 사람이면 누구든지 이런 사람이 필요하다는 사실을 부인하지 않을 것이다.

모든 사람이 이러한 혜택을 똑같이 제공할 수는 없다. 기존의 관습을 변화시키고 개선할 수 있는 사람은 인류 전체 중에서 극소수에 불과하다. 그러나 이 소수가 세상의 소금이다. 만일 그들이 없다면, 인간 생활이란 고여서 썩어만 가는 물웅덩이가 되고 말 것이다. 이전에는 존재하지 않았던 좋은 것을 알려 주고, 이미 존재하는 것에 새로운 생명력을 불어넣어 주는 것도 바로 그들이다. 만일 이 세상에 더 이상 이루어져야 할 것이 없다면, 인간의 지성이란 필요 없는 것인가? 오랜 관행을 답습하는 사람들이 왜 그것이 행해졌는가에 대해 생각하지 않고, 인간이 아니라 마치 소처럼 그것을 행한다면 이 세상은 어떻게 되겠는가?

이 세상에는 최고의 신념과 관행이 기계적인 것으로 전락할 가능성이 너무나 많다. 만일 늘 새로운 독창성을 가지고 이런 신념과 관행이 단순히 과거와 같이 반복되는 것을 막고자 노력하는 사람들이 존재하지 않았더라면, 죽어 버린 신념과 관행은 살아 있는 신념의 조그만 충격에도 버티지 못하고 비잔틴 제국의 문명처럼 멸망해 버릴 것이다.

항상 그렇듯 천재는 극소수다. 그러나 그들이 존재하기 위해서는 그들이 성장할 수 있는 토양을 유지해야 한다. 천재는 자유로운 분위기 속에서만 자유롭게 호흡하며 살아갈 수 있다. 천재는 '천재라는 이유 때문에' 다른 사람보다 개성이 강하다. 사회 구성원들로 하여금 각자의 독특한 성격을 형성하는 수고를 덜어 주기 위해 사회가 만든

몇 개의 유형 중 하나에 천재들이 자신을 적응시켜야 한다면, 그들은 다른 사람보다 더 큰 압박감을 느낄 것이다.

그들이 이러한 틀에 강제로 순응하고, 억압적인 분위기에서는 결코 발전시킬 수 없는 자신의 개성을 계발하지 않은 채 그대로 방치한다면, 사회는 그 천재로부터 무슨 혜택을 얻을 수 있을까? 그들이 강렬한 성격을 지니고 있어 이러한 굴레를 깨뜨려 버린다면, 사회는 그들을 보통 사람으로 축소시키는 일에 실패한 것이며 그들을 요주의 인물로 지목할 것이다. 그리하여 그들은 '난폭한 사람', '괴팍한 사람' 등으로 몰려 사회의 엄중한 경고를 받을 것이다. 하지만 이러한 경고는 마치 나이아가라 폭포가 네덜란드 운하처럼 둑 사이를 온순하게 흐르지 않는다고 불평하는 것과 같은 것이다.

천재가 중요하다는 것, 그리고 그들의 사상을 형성하고 실천하는 데 필요한 그들의 역량을 마음껏 펼칠 수 있는 분위기를 사회가 허용해야 한다고 내가 주장하는 이유에 대해 이론적으로는 아무도 부정하지 않을 것이다. 하지만 나는 현실적으로 거의 모든 사람이 이것에 대해 무관심하다는 것을 알고 있다. 천재성이 사람으로 하여금 감동적인 시를 쓰게 하거나 그림을 그리게 할 때, 사람들은 그것이 좋은 것이라고 생각한다. 하지만 천재성이 지니는 진정한 의미, 즉 사상과 행동의 독창성이라는 의미에서 아무도 그것이 존경의 대상이 되지 않는다고 말하지는 않지만, 대부분의 사람들은 내심 그것 없이도 잘

지낼 수 있다고 생각한다.

비독창적인 사고를 가진 사람은 독창성이 필요하다는 것을 느낄 수 없다. 그들은 독창성이 그들에게 할 수 있는 것이 무엇인지를 파악조차 할 수 없다. 어떻게 그들이 느낄 수 있을까? 만일 그들이 그것이 무엇인지를 알 수 있다면, 그것은 독창성이 아닐 것이다.

독창성이 그들에게 제공할 수 있는 것은 다음과 같은 것이다. 독창성은 비독창적인 사람들의 눈을 뜨게 해 주어 그들이 독창적이 될 수 있는 기회를 제공한다. 우리는 누군가가 처음으로 어떤 것을 시작하지 않았다면 세상에 이루어지는 것이 없다는 점과 존재하는 모든 선한 것이 독창성의 결과라는 점을 떠올려야 한다. 그럼으로써 아직도 독창성이 이루어야 할 일이 남아 있다는 것을 믿고, 자신들이 독창성의 필요를 느끼지 못할수록 그것이 더욱 필요하다는 사실을 확신하면서 겸손하게 행동해야 한다.

6. 현대의 대중 여론은 개성을 억압한다

현재 우리 사회는 보통 사람들에 의해 좌우되고 있다. 즉 그들이 힘을 가지고 있다. 개인들은 군중 속에 매몰되어 있다. 현 정치에서 여론이 세상을 지배한다는 것은 진부한 표현이다. 힘이라는 이름에 어울리는 유일한 힘은 일반 대중의 힘이다. 정부가 일반 대중의 경향이나 성향을 반영하는 기관의 역할을 자처하는 한, 그것은 정부의 힘이기도 하다. 이것은 공적 업무에서만이 아니라 사적 생활의 도덕적·사회적 관계에서도 나타난다.

공공 여론을 형성하는 주체가 항상 같은 유형의 대중은 아니다. 미국에서 대중은 주로 백인을 가리키고, 영국에서는 중산층을 말하기 때문이다. 그러나 그들은 항상 대중이라는 이름으로 불리는 보통 사람들이다. 더욱 새로운 사실은 오늘날의 대중은 교회나 국가의 고위층, 정치 지도자들, 그리고 책을 통해 자신들의 의견을 취하지 않는다는 점이다. 그들의 사고는 그들과 대단히 유사한 삶을 사는 보통 사람들에 의해 형성된다.

그런데 중요한 것은 이런 상태로는 평범한 사람들이 만든 정부가 평범한 정부로 전락하는 것을 막지 못한다는 사실이다. 다수의 주권자들이 대단한 능력과 교양을 갖춘 1인 또는 소수의 충고와 영향에 따라 스스로 지도받기를 청하는 경우를 제외하고는, 민주제나 다수의 귀족제에 의한 그 어떤 정치도 평범할 뿐이다.

현명하고 고귀한 모든 것은 처음에 어떤 한 개인의 발상에서 시작되었다. 보통 사람은 이러한 발상을 뒤따르며 살아간다. 그는 현명하고 고귀한 것에 내적으로 반응할 수 있고, 눈을 크게 뜨고 그것에 다가갈 수 있다. 나는 천재적인 힘을 지닌 사람이 세계를 무력으로 장악해서 그의 명령에 복종하도록 만드는 일종의 '영웅 숭배'를 찬양하는 것이 아니다.

강자가 할 수 있는 것은 다만 길을 제시하는 것이 전부다. 다른 사람을 그 길로 나아가게끔 강제하는 것은 다른 사람의 자유가 발달하는 것을 막는 것이며, 동시에 강자 자신도 타락하는 것이다. 그러나 단순하게 평균적인 인간들로 구성된 사회에서 대중의 의견이 지배적일 경우에는, 사상적으로 우월한 위치에 있는 사람들이 지닌 탁월한 개성이 이러한 성향을 억누르고 바로잡는다. 특히 이러한 사회에서는 남들과 다른 특별한 개인들이 대중과 다른 방식으로 행동하는 것을 방해하지 말아야 하며, 오히려 장려해야 할 것이다. 이러한 사회에서는 순응하지 않는 것, 관습에 대한 복종을 거부하는 것 자체가 사회를 발전시키는 공헌이 될 것이다.

지금 우리 사회는 대부분의 사람이 행하지 않는 다른 어떤 행위를 하는 것조차 비난의 대상으로 삼을 정도로 여론의 횡포가 매우 심하다. 따라서 그 횡포를 막아 내기 위해 남들과 달리 독특하게 행동하는 것은 오히려 바람직한 일이다. 개성이 뚜렷한 사람들의 힘이 강했던 시대와 사회에는 항상 특이성이 풍부했다. 한 사회에서 특이성의 정도는 그 사회가 가진 천재성, 정신적인 활력, 그리고 도덕적인 용기의 정도와 정비례해서 발전했다. 오늘날 그처럼 특이한 행동을 과감하게 시도하고자 하는 사람의 수가 매우 적다는 사실은 이 시대가 안고 있는 위험성을 지적하는 것이다.

다만 정신적인 우월성을 굳건하게 가진 사람만이 자신의 방식대로 그의 삶을 살아갈 정당한 권리를 갖는 것은 아니다. 모든 인간 존재가 하나의 또는 소수의 유형에 따라 만들어져야 할 이유는 없다. 만일 어떤 사람이 일정한 정도의 상식과 경험을 갖고 있다고 가정해 보자. 그의 존재를 그의 방식대로 설계하는 것이 가장 좋은 것은 그것이 그 자체로 최고이기 때문이 아니다. 그것은 바로 인간 자신의 존재 방식이기 때문이다.

비록 인간이 취미만 서로 다르다고 해도, 그것 하나만으로도 그들을 한 가지 유형으로 획일화해서는 안 되는 충분한 이유가 된다. 그러나 사람들은 취미뿐만이 아니라 많은 부분에서 서로 다르기 때문에 그들의 정신적인 발달을 위해서는 서로 다른 조건들이 필요하다. 모든 식물이 똑같은 환경과 기후에서 모두 똑같이 건강하게 생존할 수 있는가? 그렇지 않다. 그와 마찬가지로, 사람들도 똑같은 환경 속에서는 건강하게 생존할 수 없다.

어떤 사람에게는 그의 고귀한 본성을 가꾸는 데 도움이 되는 것이 다른 사람에게는 오히려 방해가 될 수 있다. 똑같은 생활 방식이 어떤 사람에게는 자신의 행동과 능력을 최고의 상태로 유지해 주는 건전한 자극이 되는 반면, 다른 사람에게는 모든 내적인 삶을 정지시키거나 파괴하는 괴로운 짐이 되기도 한다.

7. 여론에 대한 순종과 관습의 독재는
사회의 정체를 가져온다

사람들마다 쾌락의 원천이 다르고, 고통에 대한 반응이 다르다. 뿐만 아니라 물리적·도덕적 요인이 미치는 작용도 사람들 사이에 차이가 있다. 따라서 만일 그들의 생활 방식에 어울리는 다양성이 없다면 인간들은 정당한 몫의 행복을 누리지 못하며, 그들의 본성이 할 수 있는 정신적·도덕적·미적 수준의 최고도에 이를 수 없을 것이다.

그런데 대중의 감정에 관한 한, 왜 다수의 지지자들에 의해 말없는 순종을 강요하는 취미와 생활 방식만이 관용의 대상이 되어야 하는가? 취미의 다양성을 완전하게 부인하는 곳은 몇몇 수도원을 제외하고는 어디에도 없다. 사람은 아무런 비난을 받지 않고 보트 타기, 흡연, 음악 감상, 스포츠 활동, 체스, 카드놀이 또는 공부하는 것을 좋아하거나 싫어할 수 있다. 왜냐하면 이러한 것들을 좋아하는 사람들과 싫어하는 사람들의 숫자가 너무 많아 이를 말릴 수가 없기 때문이다.

그러나 '아무도 하지 않는 일'을 하거나 '모두가 다 하는 일'을 하지 않는 사람은, 그중에서도 특히 여자는 마치 그가 중대한 도덕적 범죄라도 저지른 것처럼 다른 사람들의 비난의 대상이 된다. 자신의 명예를 손상시키지 않고 원하는 대로 행동할 수 있는 사치를 어느 정도라도 즐기기 위해서는, 직함이나 자신의 신분을 보여 주는 상징물이 있거나 또는 높은 지위에 있는 사람들의 총애가 있어야만 한다.

현재 여론의 흐름에는 한 가지 특징이 있다. 그것은 개인의 독특한 특성이 조금이라도 드러나는 것을 허용하지 않는다는 점이다. 사람들은 대체로 지적으로 온건하고 성향적으로 온순하고자 한다. 그들은 남들과 달리 유별난 일을 하고 싶어 할 정도의 강력한 취향이나 욕구를 가지고 있지 않다. 그 때문에 그들은 독특한 행동을 드러내는 사람들을 이해하지 못한다. 그러고는 그들을 자신들이 평소에 경멸하는 난폭하고 무절제한 사람들과 같은 종류의 사람으로 치부해 버린다.

이 시대의 이러한 경향으로 인해 대중은 행위의 일반적인 규범을 정하고, 이 사회가 승인한 기준에 따라 모든 사람이 그에 맞추어 행위하도록 만들려고 한다. 그리고 그 기준은 명시적이건 묵시적이건, 어떤 것도 강렬한 것을 원하지 않는다. 이런 기준은 뚜렷한 개성이 없는 것을 이상적인 것으로 여긴다. 요컨대 남보다 특출해서 보통 사람들과는 아주 다르게 돋보이는 인간 본성의 모든 부분을 마치 중국 여인들의 발(전족을 말함)처럼 죄어 불구가 되게 만든다.

그 결과, 이 사회에서는 건전한 이성 활동에서 비롯되는 위대한 활력과 양심적인 의지에 의해 강력하게 통제되는 강렬한 감정을 용납하지 못한다. 사람들은 강력한 의지를 갖고 이성적으로 활동하는 대신 외부의 규범에 순응하는 데 그치는 허약한 감정과 빈약한 활력만 지니고 있다.

대부분의 분야에서 활력적인 성향은 이제 옛이야기에 지나지 않는다. 이제 영국에서는 경제 분야를 제외하고 활력적인 분야는 거의 존재하지 않는다. 경제 분야에서의 활력은 여전히 상당하다. 거기서 소비되고 남는 얼마 안 되는 활력은 몇몇 취미 활동에 소모되는데, 그것은 항상 개인적이고 소규모적인 성격을 지닌다.

관습의 독재는 곳곳에서 인류의 진보를 지속적으로 방해해 왔다. 그것은 관습적인 것보다 더 나은 것, 즉 자유의 정신 또는 진보나 개선의 정신이라고 불리는 것을 지향하는 성향과 끊임없이 적대적인 관계에 놓여 있었다. 개선의 정신이 자유의 정신과 반드시 일치하는 것은 아니다. 왜냐하면 개선을 원하지 않는 사람에게 개선을 강요할 수도 있기 때문이다.

그래서 그러한 시도에 저항하는 한, 자유의 정신은 개선을 반대하는 사람들과 국지적으로 또는 일시적으로 동맹 관계를 형성할 수 있다. 그러나 개선을 가능하게 만드는 확실하고도 영구적인 유일한 근원은 바로 자유다. 왜냐하면 자유가 존재하는 곳에서 다양한 개인의 수만큼이나 다양한 개선 요소가 만들어질 수 있기 때문이다. 그러나 진보의 원칙은 자유에 대한 사랑이나 개선에 대한 사랑 중 어느 형태를 띠든 간에, 공통적으로 관습의 지배에 반대한다. 적어도 이 원리들은 관습의 지배로부터 벗어나야 함을 강조한다.

이러한 진보와 관습 사이의 대립이 인류 역사의 주된 부분을 형성하고 있다. 하지만 정확하게 말한다면, 전 세계 대부분의 지역에서 이 같은 역사가 존재하지 않았다. 왜냐하면 관습의 독재가 너무나 완벽했기 때문이다. 특히 동양 사회가 여기에 해당된다. 이곳에서는 관습을 통해 모든 문제를 해결한다. 정의로움과 공정함은 관습에 따르는 것을 의미한다.

우리는 그 결과를 잘 알고 있다. 그 국민들도 한때는 분명히 독창성을 가지고 있었다. 하지만 그들이 많은 인구, 높은 교육 수준, 고도의 기술을 지닌 상태에서 출발한 것은 아니었다. 그들 스스로 이 모든 것을 만들어 냈고, 당시로서는 세계에서 가장 위대하고 강한 국민이었다.

그런데 오늘날 그들은 어떤 상태에 놓여 있는가? 동양인의 조상들은 장엄한 궁전과 화려한 사원을 가지고 있었다. 그러나 그들은 지금 어떻게 되었는가? 그들은 관습에 전적으로 지배받지 않고 자유와 진보를 누리던 사람들을 조상으로 둔 종족들(서양인들을 말함)의 지배를 받게 되었고, 그로 말미암아 그들의 신민이나 예속민으로 전락해 버렸다.

어떤 민족은 진보하다가 일정 기간 뒤에는 진보가 중단되는 것처럼 보인다. 언제 이러한 진보가 중단되는가? 그것은 그 민족이 개성을 유지하는 것을 멈출 때다. 비슷한 변화가 유럽 국가에서 일어난다 할지라도, 그 변화는 전적으로 똑같은 형태를 띠지는 않을 것이다. 유럽의 여러 국가를 위협하는 관습의 독선적인 행위는 개성을 완전히 정지시키는 것은 아니다. 특이한 것은 배척하지만, 모든 것이 동시에 변한다는 조건 아래서 결코 변화를 거부하지 않기 때문이다.

그러나 우리는 변화뿐만 아니라 진보도 추구한다. 우리는 계속 새로운 기계를 만들어 내고, 또 그것을 더 나은 것으로 대체한다. 우리는 정치와 교육, 도덕에서조차 개선이 일어나기를 열망한다. 비록 도덕 분야에서 말하는 개선이 주로 다른 사람들에게 우리와 마찬가지로 선한 사람이 되라고 설득하거나 강요하는 것이라 할지라도 개선이 있기를 희망한다.

우리가 이의를 제기하는 것은 진보에 대해서가 아니다. 그와 반대로 우리는 이제까지 살았던 사람들 중에서 가장 진보적이라고 자부한다. 우리가 맞서서 싸우려는 것은 바로 개성이라는 문제다. 우리가 우리 모두를 동일한 인간으로 만들 수 있다면, 우리는 기적적인 일을 해냈다고 생각할지도 모른다. 하지만 이러한 생각은, 어떤 사람이 다른 사람과 닮지 않았다는 것은 자신의 유형이 불완전하다는 것, 다른 유형이 더 우월하다는 것에 주의해야 한다는 사실을 망각하는 것이다. 또 둘의 장점을 결합함으로써 더 나은 것을 창출할 수 있다는 가능성에 주의해야 한다는 점도 망각한 것이다. 이런 것들이야말로 가장 우선시해야 하는 중요한 점인데도 말이다.

우리는 중국에서 하나의 교훈적인 실례를 찾아볼 수 있다. 중국은 유럽에서 가장 개화된 민족조차도 어느 정도는 현인이나 철인이라는 칭호를 부여하지 않을 수 없는 사람들에 의해 만들어져 고대 시대에 매우 훌륭한 관습을 제공받았던, 그야말로 보기 드문 행운을 지닌 국가였다. 이 때문에 이 나라에는 풍부한 재능과 지혜를 가진 사람들이 많았다.

중국은 그들이 가진 최고의 지혜를 사회의 모든 사람이 배울 수 있도록 두루 알리는 제도를 만들었고, 지혜를 갖춘 사람들이 명예와 권력을 함께 누릴 수 있는 제도를 생각해 냈다는 점에서 확실히 탁월했다. 이렇게 중국인들은 인류가 진보할 수 있는 비밀을 발견했기 때문에 계속 세계의 역사를 이끌었어야 했다.

하지만 이와 반대로 그들은 정체되었고, 수천 년 동안 그러한 상태가 변함없이 지속되었다. 그들은 영국의 박애주의자들이 그토록 열심히 노력하는 일, 즉 모든 사람을 똑같게 만들고, 그들의 생각과 행위를 동일한 내적 규율과 규범을 통해 규제하고자 하는 일에서 바라던 것 이상으로 큰 성공을 거두었다. 그러나 그 결과는 앞에서 말한

대로다. 그러므로 만일 개성이 이 획일적인 굴레에 대항해 성공적으로 자신의 주장을 관철하지 못한다면, 유럽도 그 고귀한 조상과 그리스도교 신앙을 가지고 있음에도 또 하나의 중국이 될 것이다.

8. 개성을 찾아야 할 시점은 바로 지금이다

이제까지 유럽이 이러한 운명으로 떨어지지 않고 스스로를 보존할 수 있었던 것은 과연 무엇 때문이었을까? 무엇이 유럽의 국가들로 하여금 정체되지 않고 진보할 수 있도록 만들었을까? 그들이 어떤 우월성을 가졌기 때문은 아니다. 왜냐하면 우월성이 존재한다 할지라도 그것은 진보의 원인이 아니라 결과로 존재하기 때문이다. 그 원인은 그들 사회의 성격과 문화가 대단히 다양하다는 데 있다. 개인들, 계급들, 그리고 국가들은 서로 매우 다르다. 그들은 각자가 대단히 다양한 길들을 개척해서 가치 있는 것들을 만들었다. 그들도 역시 각각의 시대에 다른 길을 걸었던 사람들에 대해 서로 너그럽지 않았다. 다른 사람들이 자기와 같은 방식으로 살았다면 대단히 좋았을 것이라고 생각했다. 하지만 상대방의 발달을 방해하려는 시도가 지속적으로 성공을 거둔 경우는 거의 없었다.

내가 판단하기에, 유럽이 진보적인 발전을 이룩할 수 있었던 것은 이런 경로의 다양성 때문이었다. 그러나 현재 유럽은 이러한 장점을 꽤 많이 잃어 가고 있다. 유럽은 분명히 모든 사람을 똑같게 만들려는 중국의 모습을 닮아 가고 있다. 토크빌(Alexis de Tocqueville, 1805~1859)은 그의 마지막 저술에서, 오늘날의 프랑스 사람들이 한 세대 전의 프랑스 사람들과 비교했을 때 서로 얼마나 더 많이 닮았는가에 대해 언급한다.

토크빌의 이 분석은 영국인들에게 훨씬 더 잘 적용된다. 빌헬름 폰 훔볼트는 앞에서 인용한 구절에서 인간의 발달에 필요한 두 가지 조건, 즉 자유와 다양성을 들었다. 왜냐하면 이것들은 사람들을 서로 다르게 만드는 데 필요하기 때문이다. 그런데 영국에서 이 두 가지 중 다양성은 계속 줄어들고 있다. 이전에는 다른 지위, 다른 이웃, 다른 직업을 가진 사람들이 이른바 다른 세계라고 부를 수 있을 정도로 다른 환경에서 생활했다. 하지만 오늘날 그들은 거의 같은 곳에서 비슷하게 생활하고 있다.

상대적으로 말해 그들은 이제 같은 것을 읽고, 같은 것을 듣고, 같은 것을 보고, 같은 장소에 가고, 같은 것에 희망을 걸거나 똑같은 공포를 느낀다. 또한 그들은 동일한 권리와 자유를 같은 방식으로 누리면서 살아간다. 아직도 신분의 차이는 있지만 과거에 비한다면 거의 없는 것이나 마찬가지 아닌가.

이러한 동화 작용은 여전히 진행되고 있으며, 오늘날 모든 정치적 변화가 이러한 동화 작용을 촉진시키고 있다. 왜냐하면 이러한 모든 변화는 낮은 것은 높게 하고 높은 것은 낮게 하려는 경향을 갖기 때문이다. 교육의 확대도 이러한 동화 작용을 촉진시키는 하나의 요인이다. 또한 통신 수단의 발달로 멀리 떨어져서 생활하는 주민들이 개인적으로 서로 접촉할 수 있고, 한 장소에서 다른 장소로 급속하게 이주할 수 있게 됨으로써 동화 작용이 촉진되고 있다. 상공업의 발달로 안락한 생활 환경이 지닌 장점이 널리 확산되고, 일반인들도 이를 추구할 수 있도록 경쟁을 유도한다.

그러나 다른 그 무엇보다도 더 결정적으로 인간들 사이에서의 유사성을 촉진시키는 요인이 있다. 그것은 영국과 다른 자유 국가에서 여론이 국가를 움직이는 주요한 변수로 확실하게 확립되었다는 점이다. 이전에는 높은 사회적 지위에 있던 사람들이 자신들의 지위를 이용해 대중의 여론을 무시할 수 있었다. 하지만 이와 같은 지위의 서열도 점점 균등화되고 있다. 또한 대중이 특정한 의지를 지니고 있을 때, 정치가들도 그 의지에 대항하려는 생각을 덜하게 된다. 따라서 이제 여론을 수용하지 않는 정치가는 사회적 지지를 얻지 못한다. 즉, 대중에게 대항하면서 대중과는 다른 생각이나 성향을 방어하고자 하는 실질적인 사회 세력은 존재하지 않는다.

이러한 모든 원인이 복합적으로 작용하면서 개성에 적대적인 하나의 커다란 세력을 형성하고 있다. 그런 까닭에 개성을 굳게 지키는 방법을 찾는 것은 쉬운 일이 아니다. 비록 개성이 더 나은 방향으로 향하지 않거나 어떤 사람들이 보기에 더 나쁜 방향으로 나아가고 있다는 생각이 든다 할지라도, 지식인층이 개성의 가치를 느끼는 것은 중요하다. 그리고 그들이 다양하고 이질적인 것의 존재가 좋다는 점을 이해하지 않는 한, 이러한 사정은 더욱 악화될 것이다.

만일 사람들이 개성을 강조해야 할 적절한 시기를 찾는다면, 그것은 바로 강제적인 동화 작용이 완성되지 않은 바로 지금이다. 개성을 침해하는 데 따른 저항이 성공적으로 이루어질 수 있는 시기는 오직 초기 단계뿐이다. 다른 모든 사람을 자신과 비슷하게 만들고자 하는 욕구는 이 욕구가 충족되면 될수록 더 강하게 나타나기 마련이다. 만일 인간 생활이 하나의 획일적인 유형으로 정형화될 때까지 이에 대한 저항을 늦춘다면, 그 유형에서 벗어난 존재는 불건전하고 부도덕하며, 심지어 괴물처럼 보이고, 자연에 위반되는 존재로 여겨질 것이다. 사람들이 일정 기간 동안 그 다양성을 이해하는 데 익숙하지 않도록 내버려 둘 경우, 그들은 다양성을 생각조차 못할 것이다.

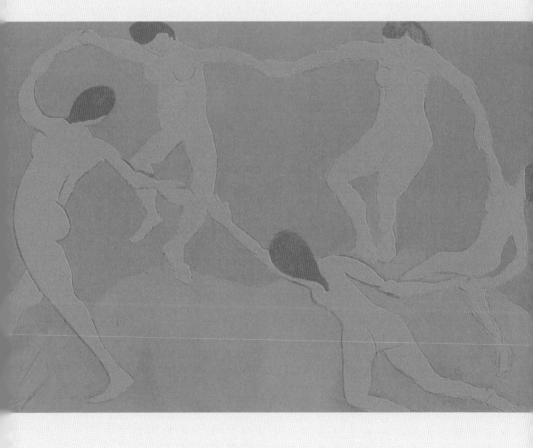

제 **4** 장 _ 개인에 대한 사회적 권위의 한계

제**4**장_ 개인에 대한 사회적 권위의 한계

개인의 자유에 대해 사회가 행사할 수 있는 권한의 한계는 어디까지일까? 밀은 앞에서도 말했듯이 오로지 개인에게만 관계된 일의 결정권은 그 자신에게 있으며, 반면에 타인에게 해를 끼치는 행위 또는 끼칠 수 있는 행위에 대해서는 사회가 제재하거나 관여할 수 있다는 견해를 제시했다.

제4장에서 밀은 개인과 사회의 관계에 대한 다양한 사례를 들면서, 개인이든 사회든 누릴 수 있는 자유와 통제할 수 있는 권한의 한계는 어디까지인지에 대해 설명한다. 예를 들어 알코올 의존자의 경우를 본다면 그가 도덕적·법적으로 명백한 해악을 끼치지 않는 한 그를 법이나 여론을 통해 단죄하는 것보다는 바르게 인도하는 것이 사회가 취해야 할 올바른 행위라는 것이다.

이와 더불어 밀은 일반적인 관습이나 법률, 신앙을 통해 사회가 범하기 쉬운 개인의 자유에 대한 침해 사례들을 들어 사회가 관여할 수 있는 개인에 대한 통제나 구속의 한계를 제시하고자 했다. 밀은 어떤 사회가 지닌 보편적 관습인 종교적 금기 사항이나 안식일 준수, 금주법, 모르몬교에 대한 탄압 등을 예로 들면서 생각이나 신앙의 차이를 이유로 다른 생각을 가진 사람들을 억압하는 것이 얼마나 큰 문제인지를 지적한다.

사회나 여론이 흔히 범하기 쉬운 개인의 자유에 대한 침해가 뜻하는 진정한 의미가 무엇인지를 생각하면서 이번 장을 읽어 보도록 하자.

1. 개인에게만 관계된 일의 결정권은 그 자신에게 있다

각 개인이 자신에 대해 행사할 수 있는 주권의 정당한 한계는 어디까지인가? 사회의 권위는 어디서부터 시작되는가? 인간 생활 중에서 어느 정도가 개인에게 귀속되어야 하며, 어느 정도가 사회에 귀속되어야 하는가?

개인과 주로 이해관계가 있는 측면은 개인에게 속해야 하고, 사회와 주로 이해관계가 있는 측면은 사회에 속해야 한다. 비록 사회가 계약에 기초한 것은 아니지만 사회로부터 보호를 받는 모든 사람은 그 혜택에 대해 당연히 보답할 의무를 지고 있다. 그리고 사회에서 생활하고 있다는 사실로 인해 모든 사람은 타인과 관련된 행동에서는 일정한 원칙을 준수해야 하며, 이는 반드시 필요한 사항이다.

첫째, 상호간의 이해관계, 명확한 법률 조항 및 묵시적인 이해에 의해 권리로 여겨지는 특정한 타인의 이익을 침해하지 않아야 한다. 둘째, 각 개인은 사회나 그 구성원을 해악과 간섭으로부터 보호하는 과정에서 필요한 노동과 희생 중 자신의 몫을 부담해야 한다. 물론 이는 공평한 원칙에 의해 규정되어야 한다.

한 개인의 행위가 법률이 규정한 타인의 합법적인 권리를 침해하는 것은 아니더라도 타인에게 해악을 끼치거나 타인의 복지에 적절한 배려를 하지 않을 수 있다. 그런 경우에 가해자는 법률 규정이 없으면 법률이 아니라 여론에 의해서 제재를 받아야 할 것이다.

한 사람의 행위가 자신 외에 다른 사람의 이해관계에 영향을 미치지 않거나 또는 다른 사람이 원하지 않는 한 그들의 이해관계에 간섭할 필요가 없을 경우에 그 문제는 전혀 토론의 대상이 되지 않는다. 단 여기에는 조건이 있는데, 이 문제에 관련된 모든 사람은 성인이고, 정상적인 이해력을 갖춘 사람들이라는 것이다. 그런 모든 경우, 그 행위를 하고 그 결과에 책임을 지는 데서 개인의 절대적인 법적·사회적 자유가 보장되어야 한다.

인간이 다른 사람의 삶이나 행위에 별 관심이 없으며, 자신의 이해관계와 관련이 없는 한 타인의 성공이나 복지에 간섭해서는 안 된다고 주장하는 것을 이기적인 무관심의 하나라고 이해한다면, 그것은 이 이론을 크게 오해한 것이다. 타인의 행복을 증진시키기 위한 사심 없는 노력은 감소시키기보다는 오히려 조금이라도 증진시킬 필요가 있다.

나는 여기서 자아 지향적 덕목을 결코 과소평가하고자 하는 것이 아니다. 중요도의 측면에서 볼 때, 자아 지향적 덕목들은 사회적 덕목에는 미치지 못하더라도 조금 뒤떨어진 것일 뿐이다. 이 두 덕목을 다 계발해야 하는 것이 교육의 임무다. 그러나 교육조차도 강요를 통해서뿐만 아니라 확신과 설득을 강제해서 이루어지는 것이 현실이다. 그렇지만 교육이 끝난 뒤에 행해지는 자아 지향적 덕목 수양은 오로지 확신과 설득을 통해서만 이루어진다.

인간은 서로 도와 가면서 더 좋은 것과 더 나쁜 것을 구별하고, 서로 격려함으로써 더 좋은 것을 선택하고 더 나쁜 것을 피한다. 그들은 자신이 지니고 있는 고귀한 능력을 증진시키는 방향으로, 그리고 우매한 것보다는 현명한 것, 대상과 사상의 품위를 떨어뜨리는 것보다는 그것들을 북돋우고 증진시키는 방향으로 서로를 계속 자극해야 한다.

그러나 어떤 사람에게도 이미 성년이 된 다른 사람에게 그가 자신의 인생을 위해 선택한 방식대로 살아서는 안 된다고 말할 자격은 없다. 자신의 장래와 복지에 가장 큰 관심을 가진 사람은 바로 그 자신이기 때문이다. 부모 자식과 같이 강한 개인적인 애정으로 결합되어 있는 경우를 제외하고는, 다른 사람이 그의 복지에 대해 가질 수 있는 관심은 그 자신이 가지고 있는 관심에 비하면 별로 크지 않다. 사회가 그에게 개별적으로 갖는 관심은 부분적이고 간접적이다. 반면에 그는 자신의 감정과 상황에 대해서 다른 사람과 비교해 볼 때 상당한 정도로 많이 알고 이해하고 있다. 따라서 오직 자신에게만 관계되는 문제에서 그 사람의 판단을 대신하려는 사회의 간섭은 전적으로 잘못된 것이다.

상호간에 영향을 미치는 인간 행위의 영역에서 사람들은 일반적인 규범을 지켜야 한다. 하지만 각 개인에 관련한 일의 경우에는, 개인의 자발성이 자유롭게 발휘될 수 있어야 한다. 다른 사람이 그의 판단을 도와주려고 배려할 수 있고, 그의 의지를 강화시키고자 권고할 수 있으며, 심지어 강요할 수도 있다. 그러나 결국에는 그 자신이 최후의 결정권자인 것이다. 타인의 충고와 경고를 무시함으로써 그가 저지를 수 있는 실수는 다른 사람이 그에게 좋다고 생각하는 것을 그가 강제로 행함으로써 발생하는 해악과 비교해 본다면 훨씬 적다.

2. 개인의 자유에 대한 충분한 배려와
   타인에게 해를 끼치는 행위에 대한 제재

어떤 사람이 자신을 행복하게 만들 수 있는 자질을 탁월하게 가졌다면, 그 점에 관한 한 그는 분명 존경받을 만하다. 그런데 만일 그가 그런 자질을 가지고 있지 않다면, 그에게는 존경과 반대되는 감정이 뒤따를 것이다. 더러 우리는 그가 어리석게 행동한다고 말하거나 비속하고 천한 취미를 가졌다고 비난할 수도 있다. 그렇다고 해서 그의 그런 행동과 취미 때문에 우리가 그에게 해를 가하는 행위가 정당화되지는 않는다.

그 누구에게도 나쁜 짓을 하지 않은 사람이라고 해도, 그를 바보로 생각하거나 열등한 존재라고 판단하거나 또 그렇게 느끼는 경우가 있다. 이때 그는 사람들의 이러한 판단과 감정을 피하려고 하기 때문에, 그에게 그 판단에 대해 사전에 경고하는 것은 그가 받을 달갑지 않은 결과를 미리 알려 주는 것으로, 그를 위해서도 좋은 일일 것이다.

만일 이러한 태도가 오늘날 공손함이라는 일반적인 관념이 허용하는 것보다 훨씬 더 자유롭게 행해질 수 있다면, 그리고 그러한 행동이 무례하거나 잘난 척하는 것으로 보이지 않으면서 한 사람이 다른 사람에게 그가 잘못하고 있다고 생각한다는 사실을 솔직하게 지적할 수 있다면, 좋을 것이다.

우리는 타인에게 우호적이지 않은 의견을 가질 수 있고, 이에 따라 다양한 방식으로 그것에 대응할 수 있는 권리를 가지고 있다. 하지만 그 권리는 그의 개성을 억압하는 것이 아니라 우리 모두의 개성을 발휘하는 방향으로 행사되어야 한다. 가령 우리가 그와 교제를 해야 할 필요는 없다. 우리는 자신에게 가장 어울리는 교제를 선택할 수 있는 권리가 있기 때문이다. 만일 그의 태도나 대화가 그와 교제하는 사람들에게 해로운 영향을 끼칠 것 같다는 생각이 들면, 우리는 다른 사람에게 그 사람을 주의하라는 경고를 할 권리가 있다.

내가 주장하는 것은, 자신의 행복과는 관계가 있지만 자신과 관계가 있는 다른 사람들의 행복에는 전혀 영향을 미치지 않는 행동과 성격에 대해 그가 감수해야 할 유일한 불편은 다른 사람들의 비우호적인 판단과 악평이라는 것이다.

그러나 타인에게 해를 끼치는 행위는 전적으로 다르게 다루어야 한다. 타인의 권리를 침해하는 행위, 자신의 권리를 행사함으로써 타인에게 손해를 끼치는 행위, 타인을 거짓으로 대하거나 배신하는 행위, 그리고 타인을 해악으로부터 보호해야 함에도 이를 이기적으로 하지 않는 행위 등과 같은 것은 도덕적 비난을 받아야 한다. 그리고 중대한 경우 이 행위들은 도덕적 비난과 더불어 도덕적 제재를 받아야 한다.

이러한 행위뿐만 아니라 그 행위를 유발하는 성향도, 마찬가지로 도덕적이지 않기 때문에 마땅히 비난받아야 한다. 잔인함, 악의와 심술궂음, 반사회적이고 가증스러운 질투심, 위선과 불성실, 합리적인 이유 없는 분노, 타인을 압도하려는 집착, 자기 몫의 이익 이상을 독점하려는 욕구, 타인을 업신여기며 만족감을 얻고자 하는 자만심, 자기 자신과 그 관심사만을 무엇보다 소중히 여기고 의심이 가는 모든 문제를 자신의 기호에 맞게 처리해 버리는 이기주의 등과 같은 것은 도덕적 악덕이다.

앞서 언급한 자신과 관계되는 결점은 비도덕적이라고 할 수 없다. 그 결점이 아무리 정도가 심하더라도 사악하다고 말할 수는 없기 때문이다. 자신과 관계되는 결점들은 그 사람이 어리석은가, 또는 그가 존엄한 인격과 자존감을 결여하고 있는가를 보여 주는 증거일 수는 있다. 그러나 그 결점들로 말미암아 개인이 스스로 배려해야 할 타인의 권리가 침해된다면, 그 결점들은 바로 도덕적 비난의 대상이 된다.

어떤 사람이 사려 깊지 못하다는 이유로 타인에게 인정받지 못하는 것과, 그가 타인의 권리를 침해했기 때문에 비난을 받는 것의 차이는 다만 명목상의 차이에 불과한 것이 아니다. 우리가 그를 통제할 권리가 있다고 여겨지는 일에서 그가 우리를 불쾌하게 대하느냐, 아니면 우리에게 그런 권리가 없다는 것을 알고 있는 일에서 그가 우리를 불쾌하게 대하느냐에 따라, 그를 대하는 우리의 감정 및 행위에는 큰 차이가 있다. 만일 그가 우리에게 불쾌한 행동을 한다면, 우리는 혐오감을 나타낼 수 있고 그에게 일정한 거리를 둘 수 있다. 그러나 그렇다고 해서 우리가 그 사람의 생활까지 불편하게 만들어서는 안 된다. 우리는 그를 멀리함으로써 그가 이미 저지른 잘못에 대해 충분한 대가를 치르거나, 치를 것이라고 생각해야 한다.

만일 그가 처신을 잘못해서 인생을 망치고 있다면, 그 이유를 들어 우리가 그의 인생을 더욱더 망치려고 해서는 안 된다. 우리는 그에게 제재를 가하려 하기보다는 그가 한 행동이 그에게 가져다준 피해를 피하거나 최소화할 수 있는 방법을 그에게 가르쳐 줌으로써, 그에 대한 제재를 오히려 완화시키도록 노력해야 한다.

그는 우리에게 동정 또는 혐오의 대상이 될 수는 있어도 분노나 원한의 대상이 될 수는 없다. 우리는 그를 사회의 적으로 생각해서는 안 된다. 만일 우리가 그에게 관심과 애정을 보이면서 선의로 간섭하지 않을 바에는, 우리가 정당하게 행동할 수 있다고 생각되는 것 중 최선은 그를 그대로 내버려 두는 것이다.

하지만 만일 그가 자신의 동료들을 보호하기 위해 만든 필요한 규범을 개인적으로 또는 집단적으로 위반했다면, 사정은 완전히 달라진다. 그 사람이 행한 행동의 해로운 결과는 자신이 아닌 타인에게 영향을 미치기 때문이다. 그리고 그 구성원의 보호자로서 사회는 그를 처벌해야 한다. 또한 사회는 처벌 목적에 맞게 그에게 고통을 가해야 하며, 그것은 충분해야 한다. 타인의 권리를 침해한 경우, 그는 우리의 법정에 서는 가해자다. 우리는 그에 대한 판결을 내려야 할 뿐만 아니라 어떠한 방식으로든 그 판결을 집행해야 한다.

3. 도덕적 비난과 사회적 제재의 차이

대부분의 사람은 자신에게만 관계되는 생활 영역과 타인과 관계되는 생활 영역을 구분하는 것을 달가워하지 않는다. 어떻게 한 사회에서 개인의 행위가 다른 사람과 관계가 없을 수 있을까? 사실 어떤 사람도 사회 속에서 완전히 홀로 고립해서 살아갈 수는 없다. 따라서 한 사람이 적어도 자신과 가까운 사람들에게 해를 끼치지 않고, 자신에게만 해로운 행동을 한다는 것은 불가능하다.

만일 그가 자신의 재산에 손해를 입힌다면, 그는 직접적으로나 간접적으로 그에게 도움을 받는 사람들에게 해를 끼친 것이다. 또한 그것은 많든 적든 사회적 자원을 감소시킨다. 만일 그가 자신의 육체적·정신적 능력을 떨어뜨린다면, 그는 자신에게 의지해서 행복을 얻는 사람들에게 해를 끼칠 뿐만 아니라 동료들에게 지고 있는 의무를 이행할 수 없게 된다. 그리고 만일 이런 행동이 빈번하게 일어난다면, 그것은 사회 전체의 행복을 감소시킨다.

한 개인이 자신의 악덕과 어리석음으로 인해 타인에게 직접적인 해를 끼치지는 않는다 하더라도, 만일 그가 나쁜 실례를 보인다면 그것은 타인에게 해를 끼치게 된다. 따라서 그의 그런 행위를 보거나 알게 됨으로써 타락하거나 잘못된 길로 갈 수 있는 사람들을 보호하기 위해서 그를 규제해야 한다.

비록 나쁜 행위의 결과가 악의에 차거나 몰지각한 개인에게만 국한된다 할지라도, 사회는 자기 규율을 실천하지 못한 사람들이 자기 방식대로 살도록 방임해야 하는가? 만일 어린이나 미성년자를 보호하는 일이 당연한 것이라면, 사회는 성인이지만 자제력을 상실한 사람을 같은 이유로 보호해야 하는 것은 아닐까? 만일 도박, 음주, 무절제, 태만 등이 법으로 금지된 대부분의 다른 행동만큼이나 행복에 해를 끼친다면, 이것 또한 억압해서는 안 되는 이유가 어디에 있을까? 그리고 불가피하게 불완전할 수밖에 없는 법에 대한 보완책으로, 적어도 여론이 이 같은 악덕에 대해 강력한 감시 기관을 만들고, 그런 행위를 하는 사람들에게 사회적 제재를 엄격하게 가해야 하지 않겠는가?

나는 한 사람이 행하는 나쁜 행동이 친밀한 관계를 맺고 있는 주위 사람들이나 그보다 정도는 덜하지만 사회 전체에 심각한 영향을 끼칠 수 있다는 점을 인정한다. 이러한 행위로 인해 한 개인이 다른 사람들에 대한 의무를 이행하지 않을 때, 그 경우는 자신과 관계되는 영역에서 벗어나는 것이기 때문에 도덕적인 비난을 받을 것이다.

만일 한 사람이 무절제한 낭비벽 때문에 자신의 빚을 갚을 수 없거나, 가족에 대한 도덕적 의무를 지고 있으면서도 같은 이유로 그들을 부양하고 교육시킬 수 없다면, 그가 비난받는 것은 당연하며, 나아가 그를 처벌하는 것도 정당하다. 하지만 그 처벌은 가족이나 채권자에 대한 의무 불이행에 대한 것이지, 낭비벽에 대한 것은 아니다. 비록 그들에게 제공되어야 했던 돈을 현명하게 투자했다고 해도 그 행위 또한 도덕적 비난을 받았을지도 모른다. 조지 반웰(George Barnwell)이라는 사람은 자신의 정부(情婦)에게 줄 돈을 마련하기 위해 삼촌을 살해했다. 그러나 그가 자신의 사업 자금을 마련하기 위해 살인을 저질렀다 하더라도, 그는 교수형에 처해졌을 것이다.

다시 말해 우리가 흔히 볼 수 있는 것처럼 나쁜 습관으로 말미암아 자신의 가족에게 고통을 주는 사람의 경우, 그가 자신의 몰인정과 배은망덕함 때문에 비난받는 것은 당연하다. 그러나 그가 그 자체로만 볼 때 악하다고 할 수 없는 습관을 기른다 할지라도, 그 습관이 그와 함께 생활하거나 개인적인 유대로 삶의 안락함을 위해 그에게 의존하는 사람들에게 고통을 주는 경우에만, 그는 마찬가지로 비난을 받아야 한다.

어느 누구도 단지 술에 취했다는 이유로 처벌되어서는 안 된다. 그러나 군인이나 경찰이 근무 중에 술에 취하면 처벌되어야 한다. 간단히 말해 개인이나 공중에 대한 명백한 손해 또는 손해를 끼칠 뚜렷한 위험이 존재할 경우, 그것은 그 자신의 자유에서 벗어나 도덕이나 법률의 영역에 놓이게 된다.

그러나 공중에 대한 의무를 팽개치는 것도 아니고, 자신을 제외한 어떤 특정한 사람에게 뚜렷한 위해를 가하는 것도 아닌 행동으로 한 사람이 사회에 끼치는 피해에 대해서는, 그 정도의 불편은 인간의 자유라는 더 큰 선을 위해 사회가 감수할 수 있어야 한다. 성인들이 스스로를 적절히 보살피지 못한 것에 대해 처벌을 받아야 한다면, 그 처벌은 그들 자신을 위해 행해져야 한다. 사회가 그들에게 청구할 권리가 있다고 주장할 수 없는 혜택이 있다고 해 보자. 그런 혜택을 사회에 기여하는 그들의 능력이 손상되는 것을 방지한다는 허구적 명분으로 개인을 억압해서는 안 된다고 나는 생각한다. 그러나 나는 사회가 취약한 상황에 놓인 구성원들의 합리적인 행동을 이끌어 내기 위해, 그들이 비합리적인 행동을 할 때까지 아무것도 하지 않고 기다렸다가 처벌하는 것 외에 다른 방법이 없다고 주장하는 것에는 동의할 수 없다.

사회는 그 구성원들이 어릴 때는 그들에 대해 절대적인 권한을 갖는다. 사회는 그들이 미성년기에 있을 때, 그들이 합리적인 행위를 할 수 있도록 만들 수 있는지를 시험해 왔다. 현세대는 다음 세대의 환경과 교육을 담당하는 주역이다. 실제로 사회는 그들을 완벽할 정도로 현명하고 선하게 만들 수는 없다. 사회 자체도 선과 지혜가 부족하기 때문이다. 그리고 사회가 하는 최선의 노력이 개별적인 경우에, 항상 성공적인 것은 아니다.

그러나 사회가 자라나는 세대 전체를 자신과 같게, 또 자신보다 조금 더 낫게 만드는 일은 확실히 가능하다. 사회는 교육할 수 있는 권한뿐만 아니라 여론을 통해서도 스스로 판단을 내릴 능력이 대단히 부족한 사람들에게 힘을 행사할 수 있는 권한을 가지고 있다. 또한 사회는 혐오와 경멸을 자아내는 사람들에게 불가피하게 가해지는 자연적인 제재를 이용할 수 있다. 따라서 우리는 사회가 이 모든 것 외에도 개인들의 개별적인 관심사에 대해 명령을 내리고 복종을 강요하지 못하도록 해야 한다.

4. 개인적 행위에 간섭하는 공중(公衆)의 오류 가능성

공중(公衆, 사회의 대부분의 사람들)이 순전히 개인적인 행위에 간섭하는 것에 반대하는 논의들 가운데 가장 대표적인 것은, 공중이 간섭할 경우 그 간섭이 잘못된 방법으로 잘못된 장소에서 이루어질 것이라는 주장이다. 여론, 즉 절대적 다수의 의견이 사회적 도덕이나 타인에 대한 의무 같은 문제에 대해서는 잘못된 판단을 하는 경우가 가끔 있다. 하지만 그런 판단이 옳을 가능성도 상당히 크다. 왜냐하면 그런 문제에 대해 공중은 자신들의 이익을 판단하고, 어떤 행동이 허용될 때 그것이 자신들에게 어떤 영향을 미칠 것인가에 대해 판단할 것을 사회에 요구하기 때문이다.

그러나 다수의 의견이 오직 개인과 관계되는 행동 문제와 관련해 법률로써 소수에게 강요되는 경우에는 옳지 않을 가능성이 훨씬 더 크다. 왜냐하면 이 경우에 여론이 의미하는 바는 기껏해야 다른 사람들에게 무엇이 좋고 나쁜가에 대한 어떤 사람들의 의견에 불과하고, 많은 경우 그것조차도 아니기 때문이다. 공중은 대단히 무관심한 태도로 자신들이 비난하는 행위를 하는 사람들의 쾌락이나 편의를 무시한 채 자신이 좋아하는 것만을 생각한다.

사람들은 자신들이 싫어하는 행동을 자신들에 대한 해악으로 생각하고, 그것을 자신들의 감정에 대한 모욕으로 여겨 화를 내는 경우가 종종 있다. 사람들은 불확실한 문제에 대해서는 개인의 자유와 선택에 일임하면서도, 보편적인 경험을 통해 비난받을 만한 행동 양식이 있고 이를 자제해야 한다고 요구하는 이상적인 공중이 있다는 것을 상정하고 있다. 그런데 그와 같은 공중이 이 세상 어디에 존재하는가? 공중이 진정 비난받을 만한 행동이 무엇인지 파악하기 위해 실제로 노력하고 애를 쓰는가? 개인의 행위에 간섭할 때, 공중은 자신과 달리 행동하고 느끼는 것이 범죄라는 것 외에 거의 아무것도 염두에 두지 않는다.

90퍼센트나 되는 대부분의 도덕 철학자와 사변적(思辨的) 저술가들은 이 판단 기준을 종교와 철학으로 얄팍하게 위장해서 인류에게 제시한다. 이들은 그것들이 옳은 것이기 때문에, 즉 우리가 그것들을 옳다고 느끼기 때문에 그것들이 옳다고 가르친다. 그들은 우리와 다른 사람들을 구속하는 행위 규범을 우리 자신의 정신과 마음속에서 찾으라고 가르친다. 그 불쌍한 공중은 이 지시 사항을 적용해, 선악에 대해 자신이 지니고 있는 자신의 개인적인 감정을 모든 세상 사람들의 의무로 만드는 것 외에 무슨 일을 할 수 있을까?

여기서 지적된 해악은 단순히 이론으로만 존재하는 것이 아니다. 이 시대, 이 나라의 공중이 자신이 좋아하는 것을 도덕적 법칙이라고 이름 붙이며 그 외의 다른 것을 부당하게 포장한 사례는 아주 많다. 그러므로 내가 그것을 구체적으로 제시하는 것도 어려운 일은 아니다.

개인의 자유를 침해하는 공중의 오류 사례 1: 종교

첫 번째 예로 자신과는 다른 종교를 믿는 사람들이 자신들의 종교적 준수 사항, 특히 종교적 금기 사항을 지키지 않는다는 이유를 들어 다른 사람들에게 반감을 갖는 경우를 생각해 보자. 사소한 예를 들면, 이슬람교도들은 돼지고기를 먹지 않기 때문에 그들이 그리스도인들을 증오하는 이유 중 가장 큰 것은 다른 어떤 신조나 관행보다도 돼지고기를 먹는다는 사실이다. 그것에 대해 이슬람교도들이 보이는 혐오감은 그리스도교도들과 유럽인들이 그 어떤 행동에 대해 보이는 혐오감보다 더 크다. 그것은 무엇보다 그들 종교인 이슬람에 대한 모욕 행위라고 여기기 때문이다.

그러나 이러한 상황 자체가 그들의 반감 정도나 종류를 설명하지는 못한다. 왜냐하면 술 또한 이슬람에서는 금지되어 있고, 모든 이슬람교도가 음주를 잘못된 것으로 생각하지만 그것을 경멸하지는 않기 때문이다. 그에 반해 '불결한 동물'인 돼지의 살코기에 대한 혐오감은 이슬람교도들에게는 본능적인 반감을 불러일으킨다. 불결하다는 생각이 감정 속에 한번 깊숙이 뿌리내리면, 그 감정은 마음속에서 계속 일어난다. 힌두교도들에게서 대단히 강렬하게 나타나는 종교적 불순함에 대한 감정은 그러한 본능적인 반감의 대표적인 사례다.

이슬람교도들이 다수인 나라에서 그 다수가 그 나라 안에서 돼지고기 먹는 것을 금지할 것을 주장한다고 가정해 보자. 이것은 이슬람 국가에서는 새삼스러운 일이 아니다. 그렇다면 여론이 도덕적 권위를 앞세워 그렇게 하는 행위는 정당한 것일까? 만일 그렇지 않다면, 왜 그런가? 돼지고기를 먹는다는 것은 이슬람을 믿는 대부분의 사람들을 불쾌하게 만든다. 또한 그들은 신이 이 행위를 금지하고 저주하는 것으로 굳게 믿는다. 그 금지가 종교적 박해라고 비난할 수도 없다. 처음에는 그것이 종교적인 이유에서 출발했지만, 종교를 위한 박해라고 말할 수는 없다. 왜냐하면 어떠한 종교도 돼지고기 먹는 것을 의무로 규정하고 있지 않기 때문이다. 그러한 금지를 비난할 수 있는 설득력 있는 유일한 근거는 공중이 개인들의 개별적인 취향과 관심사에 간섭해서는 안 된다는 원칙일 것이다.

이제 좀 더 친숙한 예를 살펴보자. 많은 에스파냐 사람들은 로마 가톨릭교회와는 다른 방식으로 초월자를 숭배하는 것을 지독한 불경이며 최고의 모욕이라고 생각한다. 에스파냐에서 다른 형식의 교회

예배 방식은 법으로 금지되어 있다. 모든 남부 유럽 사람들은 결혼한 성직자를 비종교적일 뿐만 아니라 정숙하지 못하고 품위가 없으며 천하고 혐오스러운 사람이라고 여긴다.

이렇게 완벽하게 진심에서 우러나오는 감정, 그리고 그 감정을 비가톨릭교도들에게 강요하려는 시도에 대해 개신교도들은 어떻게 생각할까? 만일 타인의 이익과 관계가 없는 영역에서 각 개인이 갖는 자유에 대해 다른 사람들이 간섭하는 것이 정당하다면, 무슨 원칙에 의해 이 경우들을 제외시킬 수 있을까?

개인적으로 부도덕한 것으로 여기는 행위를 금지하기 위해 제시되는 주장 중에서 신에 대한 불경이라는 이유보다 더 강력한 것은 없다. 박해자들이 주장하는 것처럼 그들이 옳기 때문에 우리를 박해할 수 있다면, 우리가 그릇되기 때문에 그들을 박해해서는 안 되는가? 우리는 우리에게 적용될 경우에 정의롭지 못하다고 분개할 원칙을 다른 사람들에게 강요해서는 안 된다는 사실을 유념해야 한다.

앞서 제시한 사례들이 비록 부당하기는 하지만, 영국에서는 좀처럼 일어날 수 없는 사례라는 반론이 나올 수 있다. 이 나라에서는 여론이 돼지고기 먹는 것을 금지하도록 한다든지, 그들의 신조 또는 성향에 따라 예배를 올리는 것을 비난한다든지, 결혼을 하거나 하지 않는 것에 대해 간섭하는 일이 거의 있을 것 같지 않기 때문이다.

그러나 자유에 대해 간섭하는 다음의 예를 보자. 미국의 뉴잉글랜

드나 공화국 시대의 영국에서와 같이, 청교도들의 세력이 강한 곳에서는 대중적이고 개인적인 오락, 특히 음악, 무용, 대중적인 게임, 오락을 목적으로 하는 집회와 연극을 탄압하려고 했다. 그리고 그 결과는 매우 성공적이었다. 이들 나라에는 이러한 오락을 비난하는 도덕 감정과 종교관을 가진 사람들이 여전히 많다. 또한 그런 사람들은 현재 주로 상승하는 세력인 중산층에 속하기 때문에, 이들이 조만간 의회에서 다수 의석을 차지하는 것은 결코 불가능한 일이 아니다. 그렇다면 사회의 나머지 구성원들이 자신들에게 허용될 오락이 엄격한 칼뱅주의자들과 감리교 신자들의 종교적·도덕적 감정에 의해 규제된다는 것을 과연 좋아하겠는가?

그들은 주제넘게 간섭하는 이러한 독실한 신자들에게 자신들의 일에나 관심을 가지라고 단호하게 요구할 것이다. 바로 이것이야말로 자신들이 잘못된 것이라고 생각하는 어떠한 쾌락도 즐길 수 없다고 주장하는 모든 정부와 대중에게 당당하게 말해야 하는 내용이다.

개인의 자유를 침해하는 공중의 오류 사례 2: 제도

이번에는 앞에서 말한 것보다 더 실현될 가능성이 높은 사례를 생각해 보자. 오늘날에는 민주주의적 헌법 질서를 수립하려는 경향이 강하다. 이러한 경향이 가장 완벽하게 실현된 나라, 즉 사회와 정부 모두가 가장 민주적인 나라인 미국에서 자신들은 꿈도 꿀 수 없을 정도로 화려하거나 사치스러운 생활을 하는 방식에 대해 대부분의 사람들은 반감을 갖는다. 그리고 이런 감정은 상당히 효과적인 사치금지법을 만들게 하는 (*긍정적인*) 작용을 하기도 했다. 그러므로 미국에서 고소득을 가진 사람이 대중의 비난을 불러일으키지 않으면서 그것을 소비할 방법을 찾기는 힘들다고 하겠다.

　이러한 주장이 비록 현실을 설명하는 데 매우 과장된 것이라 하더라도 그것은 대중의 민주적인 감정이 개인의 소득을 어떻게 소비하느냐의 문제에까지 개입할 수 있는 권리를 가졌다는 생각과 결합될 경우, 충분히 상상할 수 있는 결과다. 더 나아가 사회주의적 성향을 지닌 사회에서는 육체노동을 통해 얻지 않은 소득이나 다른 사람보다 많이 소유한다는 것은 대부분의 사람들 눈에 파렴치하게 보일지도 모른다. 이와 유사한 여론은 이미 직공들 사이에 널리 퍼져 있고 그 계층의 구성원들을 강압적으로 지배하고 있다. 산업의 많은 분야에서 일하는 사람의 대부분은 미숙련공들이다. 그들은 자신들도 숙련공과 똑같은 임금을 받아야 한다고 생각하고, 어떤 다른 사람도 더 숙련되었다거나 더 근면하다는 이유로 그렇지 못한 다른 사람들에 비해 더 많은 임금을 받아서는 안 된다고 생각한다. 그리고 그들은 갖은 방법을 동원해서 숙련공이 더 많은 임금을 받거나 고용주가 이들에게 더 많이 주는 것을 막고자 한다.

　만일 대중이 사적인 문제에 간섭할 수 있는 권리를 가진다면, 나는 이 미숙련공들이 잘못을 저지르고 있다고 생각하지 않는다. 이미 현 시대에는 실제로 사적인 생활의 자유를 엄청나게 침해하고 있다. 그리고 더 큰 침해가 우리를 위협하고 있다. 대중은 자신들이 그릇된 것이라고 생각하는 모든 것을 법률로써 금지할 뿐만 아니라, 잘못되었다고 생각하는 것을 제거하기 위해 사회가 별로 해롭지 않다고 인정하는 많은 것까지 금지시킬 수 있는 무제한의 권리를 가졌다는 주장까지 하기 때문이다.

술버릇을 방지한다는 미명 아래 법률의 규정으로, 영국 식민지에 살고 있는 모든 사람과 미국인의 절반 정도는 의료 목적이 아닌 경우에는 발효성 음료를 판매할 수 없었다. 그로 인해 사람들은 실제로 술을 마실 수가 없었다. 하지만 그 법률을 집행하는 것이 현실성이 없어, 법을 제안한 주를 포함해 그 법을 채택한 미국의 몇몇 주에서 폐기되고 말았다. 그런데 영국에서 그와 비슷한 법률을 만들려고 시도하자, 자신을 박애주의자라고 여기는 많은 사람이 그것을 상당히 열성적으로 지지했다.

(*발효주를 마시는 행위는 확실히 개인적인 행위와 습관에 관한 것이다.*) 그러나 발효주를 판매하는 것은 상거래며, 상거래는 사회적인 행위다. 문제가 제기되는 침해 행위는 판매자의 자유에 관한 것이 아니라 오히려 구매자와 소비자의 자유에 관한 것이다. 왜냐하면 국가는 술 판매를 금지함으로써 의도적으로 개인이 술을 구입하지 못하

도록 할 수 있는 것과 마찬가지로, 술 마시는 것을 금지시킬 수도 있기 때문이다.

(그런데 이 법안을 지지하는 단체의 간사는 주류 판매는 사회적 혼란을 일으키고 그것은 자신들의 '사회적 권리'를 침해한다고 주장했다.) 이런 원칙보다 더 자유의 침해를 정당화시키는 이론은 없다. 왜냐하면 내가 해롭다고 생각하는 의견이 누군가의 입에서 말이 되어 나오는 순간, 그것은 그들 단체가 나에게 준 모든 '사회적 권리'를 침해하기 때문이다.

개인의 정당한 자유에 대한 부당한 간섭의 또 다른 예는 안식일 준수법이다. 사정이 허락하는 한, 일주일에 하루를 보통의 일상적인 업무에서 벗어나 쉬는 것은 유대인을 제외한 사람들에게는 종교적 구속력을 갖는 일은 아니지만 대단히 유익한 관습이다. 그런데 이 관습은 근로 계급과의 협정이 없으면 지켜질 수가 없다. 왜냐하면 모든 업무가 서로 의존하면서 이루어져 어떤 사람이 일을 하면 다른 사람도 일을 해야 하는 경우가 많기 때문이다. 그래서 법률을 통해 특정한 날 대부분의 산업 활동을 정지함으로써 각 개인에게 다른 사람들도 이 관습을 지킨다는 것을 보장해야 한다.

그러나 이러한 정당화는 개인이 이 관습을 지킴으로써 다른 사람들의 이익에 직접적으로 영향을 미친다는 것을 근거로 한다. 하지만 그렇다고 해서 어떤 사람이 안식일에 일하는, 스스로 선택한 직업에까지 적용될 수 있는 것은 아니다.

또한 이 정당화는 오락을 법적으로 제한하는 것에 대해서는 결코 유효하지 않다. 어떤 사람이 즐기는 오락이 다른 사람들에게는 노동일 수 있다. 그러나 사람들이 직업을 자유롭게 선택할 수 있고, 또한 자유롭게 그만둘 수도 있다는 전제 조건 아래서는, 다수 사람들의 즐거움이 꼭 유용한 것이 아니더라도 그것을 위해 소수의 사람들이 노동하는 것은 가치가 있다.

만일 모든 사람이 일요일에 일을 한다면, 7일간 일했지만 6일간의 임금을 받는 것이라고 노동자들이 생각하는 것은 전적으로 옳다. 그러나 다수 사람들의 업무가 정지된 상태에서 다른 사람들의 즐거움을 위해 여전히 일해야 하는 소수 사람들은 그에 상응하는 소득을 얻어야 한다. 그리고 만일 급여보다 여가를 선호한다면, 그들은 이런 일에 종사해야 할 의무가 없다. 만일 더 나은 보완책을 찾는다면, 그것은 이들 특정 부류의 사람들을 위해 주중의 다른 날을 휴일로 하는 관습을 확립하는 일일 것이다.

따라서 일요일에 즐기는 오락을 금지하는 것이 타당함을 옹호할 수 있는 유일한 근거는 그 오락이 종교적으로 잘못된 일이어야 한다. 그러나 이와 같은 일을 입법 동기로 삼는 것은 아무리 항의해도 지나침이 없을 정도로 불합리한 것이다.

"신에 대한 불의는 신이 심판한다."

사회나 사회의 고위 관리 중 누군가가 신에 대한 죄라고 추정할 수는 있겠지만, 우리의 동료에 대해서 잘못이 아닌 행위로 보복할 수 있는 권한을 하늘로부터 부여받았는지는 여전히 입증해야 할 과제로 남아 있다. 우리는 여기서 다른 사람을 종교적이도록 만드는 것이 한 사람의 의무라는 생각은 일찍이 자행되어 온 모든 종교적 박해의 근원이었다는 사실을 떠올려야 한다.

일요일에 기차로 하는 여행을 금지하는 것, 박물관 개관을 반대하는 것은 과거의 박해자들이 가했던 것처럼 잔혹하지 않다. 하지만 여기에 담겨 있는 정신은 기본적으로 같다고 볼 수 있다. 그것은 박해자의 종교에서는 허용하지 않는 행위를 다른 사람들이 자신들의 종교에서 허용해서 행하는 데 대해, 관용을 베풀지 않겠다는 생각과 같다. 그런 생각은 신은 그릇된 신앙을 가진 사람들을 증오할 뿐만 아니라, 우리가 그들을 그대로 둔다면 신이 우리에게도 죄를 추궁할 것이라고 믿는 신앙에서 비롯된 것이라고 할 수 있다.

개인의 자유를 침해하는 공중의 오류 사례 3: 모르몬교

일반적으로 인간의 자유를 경시하는 사례 가운데 하나로 모르몬교를 추가할 수 있다. 그 종교의 기이한 현상에 대해 언급할 때마다 영국의 언론들은 노골적인 언어폭력을 가한다. 자칭 새로운 계시라는 것, 그러한 계시에 기초한 종교 창시자가 비범한 자질을 갖추지도 못했으면서, 곧 드러날 수밖에 없는 사기의 결과물인 모르몬교가 신문, 철도 그리고 전보의 시대에 수십만의 신도를 갖고 한 사회의 기초를 만들었다고 하는 사실에 대해 많은 말이 있을 수도 있다.

그러나 여기서 우리의 관심을 끄는 것은 이 종교가, 다른 더 나은 종교와 마찬가지로 순교자를 가지고 있다는 사실이다. 다시 말해 이 종교의 예언자이자 동시에 창시자이기도 했던 인물이 그 가르침으로 인해 폭도들의 손에 살해당했다. 또한 그의 추종자들도 똑같이 무법적인 폭력에 의해 목숨을 잃었다. 그리고 신도들은 모두 다 그들이 처음에 자라난 지역에서 집단으로 추방당했다. 이제 그들이 사막 한가운데의 오지로 쫓겨 가자, 이 나라의 많은 사람들은 토벌대를 파견해 그들이 다른 사람들의 의견에 따르도록 무력으로 강제하는 것이 성가신 일이기는 하지만 정당한 행위라고 공공연하게 선언했다.

모르몬교의 교리 중에서 보통 사람들의 반감을 불러일으키는 것은 일부다처제를 인정하는 것이다. 일부다처제는 이슬람교도, 힌두교도, 그리고 중국인에게는 허용되고 있다. 그러나 영어권의 나라에서 그리스도교도임을 자처하는 사람들은 이 제도에 대해 억제할 수 없는 증오심을 갖고 있다.

나 또한 모르몬교의 이 제도에 대해 누구 못지않게 비판적인 사람이다. 여기에는 다른 여러 이유가 있지만, 특히 일부다처제가 자유를 직접적으로 침해하기 때문이다. 이 제도는 사회의 절반인 여성을 쇠사슬에 묶어 놓고 이들에 대한 호혜적 의무로부터 나머지 절반인 남성을 해방시키고 있다.

하지만 여기서 중요한 점은, 일부다처제의 피해자로 생각될 수 있는 여성이 스스로 동의한다는 점에서 다른 형태의 결혼 제도와 같다는 것이다. 그런데 세상 사람들의 통념이나 관습은 여성들에게 결혼을 반드시 해야 하는 것으로 가르치면서, 많은 여성으로 하여금 아내가 되지 못하는 것보다는 여러 아내 가운데 한 사람이 되는 것이 낫다고 여기도록 만든다.

그러나 이단자들이 그들의 교리를 받아들여 주지 않는 국가를 떠나 자신들만의 공동체를 만들어 살아갈 때, 그들이 다른 나라를 침공하지 않고 그들의 방식에 불만을 갖는 사람들에게 그 공동체에서 나갈 수 있는 자유를 허용한다면, 그들이 원하는 법률의 지배를 받으며 그곳에서 생활하는 것을 금지하는 것은 독재의 원칙일 수밖에 없다.

어떤 면에서 상당한 공적을 쌓은 최근의 한 저술가는 이 일부다처제 공동체에 대항해, 그에게는 인류 문명의 발전에 역행하는 것처럼 보이는 것을 없앨 십자군이 아니라, 자신의 표현을 빌리자면 문명군을 파견할 것을 제안하고 있다. 나에게도 일부다처제가 문명에 역행하는 제도로 보이지만, 한 공동체가 다른 공동체에게 문명을 강제할 권리를 가지고 있다고는 생각하지 않는다. 악법으로 고통받고 있는 사람들이 다른 공동체에 도움을 요청하지 않는 한, 아주 멀리 떨어진 곳에 살면서 그들과 아무 관계도 없는 사람들이 그것이 수치스런 일이라는 것을 구실 삼아 당사자들에게는 아무런 문제도 되지 않는 제도를 폐기하라고 요구하는 것을 나는 인정할 수 없다. 만일 그들이 정 그렇게 하기를 원한다면, 선교사를 보내 그 제도에 반대하는 설교를 하도록 하면 좋을 것이다.

제 5 장 _ 원리의 적용

제5장 _ 원리의 적용

제5장에서 밀은 앞에서 논의한 자유의 원리들을 토대로 현실의 구체적인 상황에서 예를 들어 증명하려 한다. 여기서 밀은 스스로 가장 강조하는 자유의 원리를 두 가지로 밝히고 있다. 첫째, 개인은 자신의 행위가 타인에게 영향을 주지 않는 한 사회에 대해 책임을 지지 않는다. 둘째, 개인은 다른 사람들의 이익에 해가 되는 행위에 대해서는 책임을 져야 한다.

이 두 원리를 기반으로 사회에서 실제로 일어날 수 있는 상황인 독극물 제조와 판매, 술의 판매, 어린이 교육에 대한 공권력이나 부모의 정당한 역할과 그 한계 등에 대해 예를 제시한다. 그리고 개인의 자유에 대한 침해와 관련되지는 않지만 일어날 수 있는 정부의 간섭에 대해 비판한다.

마지막으로 밀은 이 책의 결론으로 이상적인 정부에 대한 자신의 의견을 밝힌다. 우리는 이 마지막 주장을 보면서 밀이 생각하는 자유와 국가라는 문제를 깊이 있게 살펴볼 수 있다. 오늘날에도 여전히 문제가 되고 있는 지나친 공권력 개입과 개인의 자유라는 문제를 생각하면서 이 장을 읽도록 하자.

1. 두 원리는 무엇인가?

여기서 주장하는 원리들이 토론의 기초로 일반적으로 받아들여지고 정치와 도덕의 다양한 영역에서 일관성 있게 적용된다면, 이 원리는 비로소 어떤 효과를 발할 것이라고 전망할 수 있다. 이제 구체적인 문제를 통해 이러한 원리가 적용되는 실례를 제시하도록 하겠다. 그렇게 하는 것은 그 원리들의 결과를 추적하기 위한 것이 아니라, 그것들을 예시하기 위한 것이다.

그렇게 함으로써 이 책의 전체 내용을 구성하는 두 원리가 지니는 의미와 한계를 더 명확하게 밝혀 줄 것이다. 또한 두 원리 중 어느 것이 바로 눈앞에 닥친 사례에 적용될 수 있는지 확실하지 않을 경우, 둘의 균형을 유지함으로써 올바른 판단을 내리는 데 도움을 줄 수 있을 것이다.

첫째 원리는 "개인은 자신의 행위가 자신 외에 다른 사람들의 이해관계에 영향을 주지 않는 한, 사회에 대해 책임을 지지 않는다."라는 것이다. 타인에게 영향을 미치지 않는 개인의 행위에 대해 사회가 정당하게 비난하거나 혐오의 감정을 표현할 수 있는 방법은 그에게 충고하는 것, 그를 훈계하는 것, 그를 설득하는 것, 또는 다른 사람들이 자신의 행복을 위해 필요하다고 생각하는 경우 그의 행위를 회피하는 것 등뿐이지, 그에게 그 행위를 하지 못하도록 강요할 수는 없다.

둘째 원리는 "개인은 다른 사람들의 이익에 해가 되는 행위에 대해 책임을 진다. 그리고 사회가 그 사회를 보호하기 위해 사회적 또는 법적 처벌이 필요하다고 판단하는 경우, 개인은 그러한 처벌을 받아들여야만 한다."라는 것이다.

그러나 타인의 이익을 침해하거나 위험성이 있다는 이유로 개인에 대한 사회의 간섭이 정당화될 수 있기 때문에, 우리가 항상 그런 간섭을 정당화할 수 있다고 생각해서는 안 된다. 대부분의 경우 한 개인이 정당한 목적을 추구하는 과정에서 타인에게 고통과 손해를 주는 일은 불가피하게 발생할 수 있으며, 다른 사람의 행복을 가로막는 일이 어쩔 수 없이 일어날 수 있다. 예를 들어, 경쟁시험에서 우수한 성적을 거둔 사람들, 치열한 경쟁을 거쳐야 하는 직업을 얻은 사람들을 생각해 보자. 이렇게 서로 원하는 대상을 놓고 경쟁한 결과 상대방을 물리치고 그것을 쟁취한 사람은 누구라도 다른 사람에게 손실을 입힌 것이며, 다른 사람의 노력을 헛되게 하고 그들에게 패배와 좌절감을 안겨 주면서 이익을 얻은 것이다.

그러나 사람들은 인류 전체의 이익을 위해서는 사회의 패자들이 겪는 이러한 결과에 구애받지 않고 그들의 목적을 추구하는 것이 더 나은 일이라고 인정한다. 달리 표현하면, 사회는 경쟁에서 패해 실망한 사람들에게 그 같은 고통에서 벗어날 수 있는 법적·도덕적 권리를 주지 않는다. 다만 사회는 경쟁에서 이긴 사람이 자신의 성공을 위해 사기나 폭력 등 사회 전체의 이익과 어긋나는 불법적인 수단을 사용한 경우에 한해서, 그의 행위에 간섭할 필요를 느낀다.

상거래는 사회적인 행위다. 어떤 종류의 상품을 다른 사람에게 팔고자 하는 사람은 누구든지 다른 사람의 이익과 전체 사회의 이익에 영향을 미친다. 따라서 그의 행위는 원칙적으로 사회의 법적인 영역 안에 있기 때문에 이에 대해 사회가 관여한다. 중요한 경우 정부는 상품의 판매 가격을 정하고, 생산 과정을 통제하는 것이 한때 의무이기도 했다. 그러나 싸고 질 좋은 상품들을 가장 효과적으로 제공하는 방법은 생산자와 판매자에게 완전한 자유를 주고, 동시에 소비자에게 어떤 곳에서나 상품을 자유롭게 구매할 수 있는 자유를 주는 것이다. 이러한 사실은 오랜 논쟁을 거친 지금에서야 인식되었다. 이것이 이른바 '자유 교역론'이다.

이 교역론의 근거는 이 책에서 주장하는 개인의 자유 원칙과는 다른 것이지만, 마찬가지로 매우 설득력이 있다. 거래나 거래를 목적으로 하는 생산에 대한 간섭은 실제로 모두 구속이며, 모든 구속은 그 자체로 하나의 해악이다. 그러나 여기서 문제가 되는 구속은 인간의 행위 중에서 사회가 구속할 능력을 가진 부분에만 영향을 미칠 수 있다는 점에 있다. 그리고 그러한 구속이 잘못되었다면 그 이유는 다만 그러한 구속으로 말미암아 바람직한 결과를 낳지 못했기 때문이다.

개인의 자유라는 원칙이 자유 교역론 속에 포함되지 않는 것처럼,

자유 교역론의 한계와 관련해서 제기되는 대부분의 문제에도 포함되지 않는다. 예를 들면 불량품으로 인한 사기를 방지하기 위해 어느 정도의 사회적 통제가 허용되어야 하는가, 또는 위험한 작업장에서 노동하는 사람들을 보호하기 위한 위험 예방 조치나 제도를 어느 정도까지 고용주에게 강제해야 하는가 등의 문제가 그것이다. 이러한 문제는 통제하기보다는 각 개인들이 알아서 하게 내버려 두는 것이 더 나은 결과를 가져오는 경우에만, 자유롭게 내버려 둘 수 있을 것이다.

2. 독극물 제조와 판매에 대한 공권력의 한계는 어디까지인가?

상거래에 대한 사회의 간섭과 관계가 있는 문제 중에 본질적으로 자유와 관련된 것이 있다. 예를 들면 술의 제조와 판매 금지, 중국으로부터의 아편 수입 금지, 독극물 판매의 제한 등과 같이 특정한 물품의 수입을 금지하는 것이 간섭의 목적으로 되어 있는 경우다. 이러한 간섭이 비판받는 것은 상품의 생산자나 판매자의 자유를 침해하기 때문이 아니라 소비자의 자유를 침해하기 때문이다.

이중 독극물 판매는 새로운 문제를 제기한다. 그것은 경찰의 역할에 대한 적절한 한계의 문제다. 즉 경찰이 범죄나 사고를 미연에 방지하기 위해 개인의 자유를 어느 정도까지 합법적으로 침해할 수 있는가의 문제다. 범죄를 저지르기 전에 예방 조치를 취하는 것은 사고가 난 뒤에 적발해서 처벌하는 것과 마찬가지로 정부의 역할 가운데하나다.

그러나 정부의 예방적 기능은 처벌적 기능과 비교해 볼 때, 이것이남용되어 개인의 자유를 침해할 가능성이 훨씬 크다. 왜냐하면 인간이 정당하게 자유를 행사하다 보면, 그중 일부는 어떤 형태의 범죄를유발시킬 가능성을 증대시키는 것으로 보이기 때문이다. 하지만 공적 권력 또는 개인조차도 누군가가 명백하게 범죄를 저지르려는 사실을 안다면, 그들은 범죄를 저지를 때까지 그저 방관하려 하지 않고그것을 방지하기 위해 개입할 수 있다.

자살이나 살인을 하기 위해 독극물을 만들고 판매한다면 그것의생산과 판매를 금지하는 것은 정당한 조치일 것이다. 그러나 해로움이 없을 뿐만 아니라 유용한 목적으로 독극물을 사용하고자 하는 사람도 있을 것이기 때문에, 일률적으로 그것을 금지하는 것은 바람직하지 않다.

거듭 말하지만 우발적인 사고를 방지하는 것은 공권력의 정당한임무다. 공무원이 확실히 위험하다고 판단되는 다리를 건너려고 하는 사람을 보았을 때, 더욱이 그 사람에게 그 다리가 안전하지 못하다는 사실을 알릴 시간적인 여유가 없을 때, 그를 붙잡아 다리를 건너지 못하게 하는 행위는 사실상 그 사람의 자유를 침해했다고 볼 수 없다. 왜냐하면 자유는 자기가 원하는 것을 하는 것이며, 그 사람은 강물로 추락하는 것을 분명히 원하지 않았을 것이기 때문이다.

하지만 그 다리가 안전하지 못하다는 확실한 증거는 없고, 다만 위험한 일이 일어날 가능성만 있을 경우에는, 오직 당사자만이 다리를 건너야 할 것인가의 여부를 판단할 수 있다. 이 경우 다리를 건너지 못하게 강제로 막을 수는 없고, 다만 위험에 대해 경고하는 것으로 족하다.

독극물 판매에 대해 이와 유사한 원리를 적용한다면, 우리가 할 수 있는 규제는 무엇인가? 예를 들면 독극물이 지닌 위험한 특성을 표시하는 문구를 약에 붙이는 것과 같은 예방 조치다. 이것은 개인의 자유를 침해하지 않으면서 취할 수 있는 조치다. 왜냐하면 소비자는 자신이 갖고 있는 물건에 독약 성분이 있다는 사실에 대한 지식을 원하기 때문이다. 선의로 독극물을 사려는 사람의 자유를 침해하지 않으면서도 그것을 이용한 범죄를 막기 위해서는 형식적인 절차를 밟도록 해야 한다. 예를 들어 구매 시간, 구매자의 이름과 주소, 판매 수량, 구입 목적 등을 장부에 적어 기록하도록 하는 것이다. 이것은 해당 물품을 구입하지 못하도록 규제하는 것이 아니라 나쁜 일에 사용하는 것을 방지하기 위한 것이다.

사회는 범죄를 예방하기 위해 사전에 조치를 취할 수 있는 권리가 있다. 이러한 사회의 권리는 전적으로 개인에게만 관련된 잘못된 행동을 금지하거나 처벌하는 식의 간섭이 부당하다는 원리에 한계가 있다는 것을 말해 준다. 예를 들면, 보통 개인이 술에 취하는 것에 대해 법이 개입할 일은 아니다. 그러나 그로 인해 다른 사람에게 폭력을 휘둘러 유죄 판결을 받은 적이 있는 사람에게 법적인 제한을 하는 것은 지극히 당연하다. 가령 나중에 또 술에 취한 것이 적발되면 그때는 처벌을 하고, 나아가 그 상태에서 또 다른 잘못을 저지를 경우 그 사람에게 가중 처벌을 하는 것은 지극히 당연하다. 술에 취하면 정신을 잃고 다른 사람에게 해를 끼치는 사람이라면, 술에 취하는 것이 범죄 행위이기 때문이다.

사회로부터 생계 보조를 받거나 계약을 위반한 경우를 제외하고 나태하다는 것은 도덕적 비난의 대상은 될지언정 독재 정치가 아닌 한 법적 처벌 대상은 되지 않는다. 그러나 어떤 사람이 게으름으로 말미암아 타인에 대한 법적 의무를 이행하지 않는 경우, 예를 들어 자식에 대한 부양 의무를 이행하지 않을 때 다른 제재 수단이 없다면 사회가 강제적인 노동을 통해 그가 그 의무를 이행하도록 하는 것은 독재가 아니다.

행위자 자신에게만 직접적으로 영향을 주기 때문에 사법 처리 대상이 되지 않는 많은 행동들이 있다. 하지만 이 행동들이 대중 앞에서 공공연하게 행해진다면, 미풍양속을 해치고 타인에게 해를 끼칠 수 있다. 사회는 이러한 행동을 정당하게 금지시킬 수 있다.

3. 술 판매에 관한 공권력의 한계는 무엇인가?

(*통상적인 매매 활동에 간섭하는 것은 옳지 않으며, 이는 금주법에 대해 생각해 보면 그 답이 나온다.*) 매매되는 모든 물품은 지나치게 사용될 수 있고, 판매자는 그런 과소비를 통해 금전적인 이득을 취한다. 하지만 이에 근거한 어떠한 논의도 금주법을 옹호하지는 못한다. 독한 술을 판매하는 사람은 그것의 판매를 통해 자신의 부를 축적할 수 있어 술의 지나친 판매에 상당한 관심이 있다. 그러나 그렇다고 해서 사회가 술 판매상의 자유를 막지는 못한다. 왜냐하면 술의 적절한 사용을 위해 술 판매상은 없어서는 안 될 반드시 필요한 계층이기 때문이다.

그러나 무절제한 판매를 통해 자신의 이익을 취하는 판매상의 이익은 해악이기 때문에 국가가 그들에게 제약을 가하고 일정한 서약을 요구하는 것은 정당하다. 하지만 그런 정당한 경우 외에 국가가 그들의 술 판매에 대한 자유를 억압하거나 금지하는 것은 정당한 개인의 자유에 대한 침해다.

또 다른 문제는 국가가 행위자의 최선의 이익에 어긋나는 것으로 생각되는 행동을 한편으로는 허용하면서도 간접적으로 그것을 억제해야 하는가 하는 점이다. 예를 들어 국가가 음주 비용을 인상하거나, 판매 장소의 수를 제한함으로써 술을 구입하기 힘들게 하는 조치를 취해야 하는가 하는 문제다. 이 같은 문제에 관해서는 여러 경우를 구별해서 생각해야 한다.

술 사는 것을 더욱 어렵게 만들기 위해 술에 세금을 매기는 조치는 전면적인 금지와 다만 정도의 차이가 있을 뿐이다. 그런 까닭에, 술에 대한 전면적인 금지가 정당화될 경우에만 이 조치도 정당화될 수 있다. 인상된 가격을 따라갈 능력이 없는 사람들에게 술값 인상은 술을 구입하지 못하게 금지하는 것과 같다. 반면에 그런 능력이 있는 사람에게 술값 인상은 특별한 기호를 만끽하려는 사람들을 만족시켜 주는 대가로 부담해야 하는 벌금에 해당된다고 볼 수 있다.

국가와 타인에 대한 법적·도덕적 의무를 이행하는 한, 쾌락을 선택하는 것과 자신의 소득을 처분하는 방식에 대한 선택은 자신과 관련된 문제다. 따라서 이 선택은 본인의 판단에 맡겨야 하는 개인적인 문제다. 이와 같은 생각은 얼핏 판단하기에 국가가 조세 수입을 목적으로 술을 특별 과세 대상으로 삼는 것을 비난하는 것처럼 보일지 모른다. 그러나 재정상의 목적을 위해 세금을 매기는 일은 절대 피할 수 없으며, 대부분의 국가에서 거두어들이는 조세의 상당 부분은 이러한 간접세다. 따라서 국가가 일부 사람에게는 금지처럼 여겨질 수도 있는 벌금을 일부 소비재를 사용하는 데 매길 수밖에 없다는 점을 기억해야 한다. 그리하여 세금을 매길 경우 소비자가 최대한으로 절약할 수 있는 상품이 무엇인가를 생각하고, 적당한 양을 초과해서 사용하면 확실히 해가 된다고 생각되는 상품을 우선적으로 선택해서 과세 대상으로 삼아야 하는 것은 국가의 의무다. 따라서 국가가 수입을 가장 많이 늘릴 수 있는 데까지 술에 세금을 매기는 것은 받아들일 수 있을 뿐만 아니라 찬성해야 하는 일이기도 하다.

이러한 물품 판매에 어느 정도의 독점적인 특권을 줄 것인가에 대한 대답은 그 품목의 제한을 통해 얻고자 하는 목적이 무엇인가에 따라 달라질 수밖에 없다. 모든 공공 위락 장소에서는 경찰의 제재가 필요하다. 그 이유는 반사회적인 행위가 이런 곳에서 유달리 쉽게 행해지기 때문이다. 따라서 이러한 물품을 판매하는 권한을 행실이 단정한 사람들에게 한정시키는 것은 적절한 조치다. 개점과 폐점 시간을 지키도록 하는 것과 같은 규제는 공공 감시에 필수적이다. 만일 치안 부재가 가게 주인의 편의 또는 무능력으로 인해 반복적으로 일어나거나 그 가게가 법률에 위반되는 범죄를 예비 음모하는 만남의 장소로 전락한다면, 허가를 취소하는 것도 국가의 적절한 조치라고 할 수 있다.

4. 일반 원칙에 대한 예외

앞서 언급했던 바와 같이 개인 자신에게만 관련된 문제에 대해서는 개인의 자유가 보장되어야 하며, 이 말은 여러 개인이 모였을 경우에도 마찬가지로 적용된다. 즉, 오직 자신들에게만 관련된 문제에 대해서는 서로 간의 동의에 따라 규제할 수 있는 그들의 자유 또한 보장해야 한다. 이렇게 모인 모든 사람이 자신들의 생각을 바꾸지 않는 한 아무런 문제도 일어나지 않을 것이다. 그러나 그들의 의사가 변할 수 있기 때문에 그들 자신에게만 관계되는 일이라 할지라도 상호 계약을 맺는 것이 필요하다. 그리고 일단 그런 계약을 맺으면 계약을 준수해야 한다.

그러나 모든 국가에서 이러한 일반 원칙에는 예외가 있다. 그것이 제3자의 권리를 침해하는 계약일 경우, 그것을 준수할 의무는 없다. 또한 계약이 자신에게 해롭다고 판단될 경우, 계약자는 그것을 해지할 충분한 이유를 지녔다고 생각할 수 있다. 예를 들어 영국을 포함한 선진국에서는 자신을 노예로 파는 계약은 무효이며, 이는 결코 법률이나 여론으로 강제할 수 없다.

자신의 운명을 스스로 결정하는 것에 대해 이와 같이 개인의 권리를 제한하는 이유는 명백하다. 다른 사람들의 이익과 관련이 없는 한, 개인의 자발적인 행동에 간섭해서는 안 되는 이유는 바로 그 사람의 자유를 보호하기 위해서다. 그가 자발적으로 무엇인가를 선택했다는 것은, 그 일이 자신에게 바람직하거나 또는 적어도 참을 만한 것이기 때문일 것이다. 그리고 그가 최선이라고 판단한 수단을 동원해서 그 목적을 추구하는 것이 당사자에게 가장 큰 이익을 주기 때문이다.

그러나 그 자신을 노예로 파는 것은 스스로 자유를 포기하는 것이다. 그 결과 그는 자신의 일을 스스로 알아서 하는 자유의 목적 자체에 어긋난다. 그 사람은 이제 더 이상 자유롭지 못하기 때문에 그가 자유로운 상태에서 누릴 수 있는 여러 장점을 누릴 수 없다. 자유의 원칙은 자신의 자유까지 포기해 버리는 것을 허용하는 것은 아니다.

만일 한 개인이 약속을 하거나 행위를 함으로써 다른 사람으로 하여금 자신이 계속 일정한 방식으로 행동할 것을 믿도록 부추길 때, 즉 타인에게 기대와 희망을 갖게 하고, 그러한 가정 아래 그의 인생 계획의 일부를 담보하게 만드는 경우에 그 사람에게는 다른 사람에 대한 새로운 도덕적 의무가 지워진다. 또 두 계약 당사자 사이의 관계가 다른 사람에게도 영향을 미치는 결과가 발생할 경우, 즉 만일 그 계약이 제3자를 특정한 처지에 놓이게 한다면, 예컨대 결혼의 경우처럼 제3자인 자식을 출생케 한다면, 두 계약 당사자는 이러한 제3자에 대해 여러 의무를 이행해야 한다.

누구든지 이처럼 다른 사람의 이익에 중대한 영향을 미칠지도 모르는 어떤 일을 결정할 때는, 그 전에 이로 인해 발생할 수 있는 모든 상황을 고려해야만 한다. 그가 다른 사람의 이익을 충분히 고려하지 않을 경우, 그로 말미암아 발생하는 잘못에 대해 그는 분명히 도덕적인 책임을 져야만 할 것이다. 그리고 만일 그가 그 이익을 적절하게 고려하지 않았다면, 그는 자신이 잘못한 것에 대해 도덕적인 책임을 져야 한다.

5. 자유의 원리가 잘못 적용된 경우: 어린이 교육

사람은 자신과 관련 있는 일을 자신이 원하는 대로 자유롭게 할 수 있어야 한다. 그러나 그가 다른 사람을 대신해서 행동하는 경우에는, 다른 사람의 일이 자신의 일이라는 것을 구실 삼아 자기가 원하는 대로 행동해서는 안 된다. 국가는 개인만 특별히 관련된 일에서는 개인의 자유를 최대한 존중해야 한다. 하지만 개인이 다른 사람들에게 권력을 행사하는 경우, 국가는 그 권력 행사를 주의 깊게 감독할 의무를 지닌다.

하지만 이와 같은 감독의 의무는 가족 관계에서 거의 무시되는 것이 현실이다. (*하지만*) 가족간의 관계는 인간의 행복에 직접적으로 영향을 미친다는 점에서 다른 어떤 경우보다 더 중요하다. 여기서는 아내에 대해 남편이 갖는 거의 전제적인 권력에 대해서는 자세히 기술하지 않겠다. 그 이유는 이러한 해악을 완전하게 제거하기 위해서는 아내도 다른 모든 사람과 같이 동등한 권리를 가져야 하고, 다른 사람들과 똑같은 방식으로 법의 보호를 받아야 한다는 것으로서 충분하기 때문이다.

국가가 그 의무를 수행하는 데서 잘못 적용된 자유 개념의 대표적인 예는 어린이의 경우다. 세상의 대다수 부모는 어린이를 자신의 일부인 것처럼 생각한다. 따라서 부모가 자식에게 행사하는 절대적이고 배타적인 통제에 국가가 조금이라도 간섭한다면, 이에 대해 상당히 반발할 것이다. 그에 대한 반발과 경계심은 부모 자신에게 주어진 행동의 자유에 관한 어떠한 간섭에 대해서보다도 크다.

예를 들어 어린이 교육의 경우를 생각해 보자. 국가가 모든 국민에게 일정 수준의 교육을 요구하고 이를 강제해야 한다는 것은 당연하다. 이 세상에 한 인간을 태어나게 만들었다면, 그 인간이 자신의 역할을 충실하게 수행할 수 있도록 교육시키는 것이 부모의 가장 신성한 의무 가운데 하나라는 점을 부정할 사람은 없을 것이다. 그러나 이것이 부모의 의무라고 인정하면서도, 사회가 부모로 하여금 그 의무를 수행하게 해야 한다는 주장에 수긍하는 사람은 이 영국에서는 아마 찾아보기 힘들 것이다. 자녀에 대한 교육을 보장받기 위해 어떠한 노력이나 희생을 아버지에게 요구하기는커녕, 교육이 무상으로 제공되는 경우에도 교육을 시키느냐 마느냐를 아버지의 선택에 전적으로 맡겨 두고 있지 않은가!

생존을 유지하기 위해 필요한 식량뿐만 아니라 정신을 위한 교육과 훈련을 제공할 능력을 갖지 못했음에도 아이를 낳는 것이 아이에게는 물론 사회에 대해서도 도덕적 범죄라는 사실을 이 사회 사람들은 아직도 인식하지 못하고 있다. 부모가 이 의무를 이행하지 않는다면, 국가가 가능한 한 부모에게 교육비를 부담시켜서 이러한 의무가 이행될 수 있도록 감시해야 한다는 사실 또한 인식하지 않고 있다.

모든 아이에게 교육을 실시해야 하는 의무가 있다면, 국가가 무엇을 어떻게 가르쳐야 할 것인가에 관한 어려운 문제가 남는다. 오늘날 교육이라는 문제는 여러 종파나 당파가 서로 싸우는 전쟁터가 되었으며, 당연히 교육하는 데 소비해야 할 시간과 노력을 교육에 관한 무의미한 논쟁에 소모하고 있다.

정부가 모든 어린이에게 좋은 교육을 시켜야 한다는 것을 결의한다면, 정부는 좋은 교육을 제공할 수고를 덜 수도 있을 것이다. 정부는 부모들이 원하는 장소에서 부모들이 원하는 방법으로 자녀들을 교육시키도록 내버려 두고, 빈민층 어린이들의 교육비를 지원하거나, 교육비를 부담할 사람이 전혀 없는 어린이들에게 비용을 지불해 주는 것으로 만족할 수 있을 것이다.

국가 교육에 반대하는 논리를 국가가 직접 교육을 담당하는 것에는 적용할 수 있지만, 국가가 의무 교육을 시행하는 것 자체에 대해서는 적용할 수 없다. 이 둘은 완전히 성격이 다르기 때문이다.

나는 국가 교육에 반대한다. 교육이 국가의 손에 있어야 한다는 주장에 대해 나는 누구 못지않게 반대한다. 왜냐하면 그것은 획일화를 가져올 소지가 있기 때문이다. 사람마다 개성을 유지하고 다양한 성격과 의견, 행동 양식이 있다는 것이 얼마나 중요한지에 대해서는 앞에서 충분히 논의했기 때문에 더 강조하지는 않겠다. 다른 모든 다양성과 마찬가지로 교육의 다양성도 매우 중요하다.

획일적인 국가 교육은 인간들을 똑같은 모양으로 찍어 내는 장치에 지나지 않는다. 그들에게 강요되는 모형은 정부 안의 지배 세력, 즉 그것이 군주든 승려 계급이든 귀족 계급이든 또는 현재의 다수파든 간에, 결국 그들을 만족시키기 위한 것에 불과하다. 그러한 교육이 얼마나 효율적이고 성공적이었는가에 비례해서, 그것은 피교육자의 정신과 신체에 전제적인 권력을 행사하는 정도도 비례한다. 만일 국가가 수립하고 통제하는 교육이 존재해야 한다면, 그것은 서로 경쟁하는 다양한 실험 중에 하나일 때뿐이다. 즉 다른 여러 실험을 일정한 수준에 이르도록 하기 위해 필요한 모범과 자극을 제공할 목적으로 실시되어야 한다.

사회가 너무 후진적인 상태에 머물러 있기 때문에 정부가 아니면 적절한 제도 교육 자체를 제공할 수 없을 경우, 정부가 학교와 대학의 운영을 직접 담당할 수 있을 것이다. 그것은 마치 대규모의 생산 활동을 수행하는 데 적합한 형태의 사기업이 국가 안에 없을 때, 정부가 주식회사를 설립하는 것이 정당화되는 것과 같다.

그러나 일반적으로 국가나 정부의 후원 아래 교육을 베풀 만한 자격을 지닌 사람들이 충분히 있다면, 교육을 의무화하고 국가의 법률에 의해 교사들의 보수가 보장되는 한편, 교육비를 지불할 수 없는 사람들에 대한 정부의 보조가 실시되는 것이 필요하다.

이러한 법률을 시행하기 위한 수단은 어릴 때부터 모든 어린이를 대상으로 하는 공개적인 시험 외에 다른 것은 없다. 어린이가 글을 읽을 수 있는지를 알아보기 위해 모든 어린이가 시험을 치러야 하는 연령을 규정할 수도 있다. 만일 한 어린이가 문맹으로 판단되면 그 어린이의 아버지는 변명할 충분한 근거를 가지고 있지 않는 한 적당한 벌금형에 처해지거나 필요하다면 노동으로 대신해도 좋고, 그 아버지는 자녀의 학비를 부담해야 한다. 해마다 한 번씩 시험을 실시해야 하고, 점차 과목의 범위를 확장해서 일정한 최소 수준의 일반 지식을 모든 국민이 습득하도록 해야 하며, 더 나아가 학습하는 것을 의무화해야 한다.

이러한 최소한의 일반 지식 이상에 대해서는 모든 과목에 대한 자발적인 시험이 있어야 하고, 그 시험에서 일정한 수준의 실력에 도달한 모든 사람은 증명서를 발급받을 수 있다. 이러한 제도를 통해 국민 여론이 부당한 압력을 행사하는 것을 금지하기 위해 시험에 합격하는 데 요구되는 지식의 영역은 심지어 고급 시험에서조차도 전적으로 사실과 실증 과학에 국한되어야 한다. 종교, 정치 또는 다른 논란이 있는 주제에 대한 시험은 그것이 진실인지 허위인지에 대한 평가가 되어서는 안 된다. 그러한 의견이 어떤 근거에서 어떤 사람, 즉 저자, 학파, 교회에 의해 신봉되었는지 그 사실에 대한 평가여야 한다. 이러한 교육 제도 아래서 자라나는 세대는 논란이 벌어지는 진리에 대해 현재보다 더 열악한 상황에 처하지는 않을 것이다.

그들은 지금과 마찬가지로 국교도나 비국교도로 성장할 것이다. 국가는 다만 그들이 교육받은 국교도인지 교육받은 비국교도인지에만 신경을 쓰면 된다. 부모들이 원한다면, 그들이 한 학교에서 다른 학과를 배움과 동시에 종교의 가르침을 받는 것을 방해받지 않을 것이다. 논쟁의 대상이 되는 문제에 관해 국가가 국민의 의견을 한편으로만 치우치게 하는 것은 해악이다. 그러나 어떤 사람이 주어진 어떤 문제에 관해 결론을 내리는 데 필요한 지식을 가지고 있느냐의 여부를 국가가 확인하고 인증하는 것은 매우 정당한 일이라고 볼 수 있다.

철학을 전공하는 학생이라면 존 로크(John Locke, 1632~1704)와 임마누엘 칸트(Immanuel Kant, 1724~1804)의 학설 중 어느 것에 찬성하든 그 두 철학자에 대한 시험을 모두 통과할 수 있는 것은 그에게 좋은 일이다. 그가 그리스도교 신앙을 고백하도록 강요받지 않는다면 그리스도교에 입각해서 무신론자를 시험하는 것에 반대할 이유는 없다. 그러나 나는 고도의 지식 분야에 대한 시험은 완전히 자발적이어야 한다고 생각한다. 만일 정부가 어떤 사람을 이른바 자격이 부족하다는 이유로 직업, 심지어 교직에 종사하는 것까지도 박탈하는 일이 허용된다면, 그것은 정부에게 너무나 위험한 권력을 안겨 주는 것이다.

그리고 내가 빌헬름 폰 훔볼트의 견해에 동의하면서 생각하는 바는 다음과 같다.

"학위나 직업적 소양에 관한 공적인 과학적·직업적 증명서가 시험을 치러서 통과한 모든 사람에게 주어져야 한다. 하지만 그러한 증명서는 일반 여론에 따라 증빙으로 첨부되어 가산점을 주는 정도 이상으로 다른 경쟁자와 비교해서 이익을 주어서는 안 된다."

자유에 대한 빗나간 생각으로 말미암아 부모의 도덕적 의무가 요구되는데도 그것이 인정되지 않는가 하면, 부모의 법적 의무가 마땅히 필요한데도 그 의무가 부과되지 않는 것은 비단 교육 문제에만 국한되지 않는다. 한 인간을 존재하게 한다는 사실 자체가 인간 생활 영역 안에서 부모가 무엇보다도 먼저 책임져야 하는 행위 중의 하나다. 이 책임을 떠맡는다는 것, 즉 축복이 될 수도 있고 저주가 될 수도 있는 삶을 하나의 생명에 부여하는 일은 매우 중요하다. 만일 이 생명이 적어도 바람직한 삶을 영위할 수 있는 정상적인 교육 기회조차 제공받지 못한다면, 그것은 그 존재에 대한 범죄 행위다.

인구가 지나치게 많거나 그렇게 될 위협을 받고 있는 나라에서 제한된 극소수 이상의 어린이를 출산해 그들 사이의 경쟁으로 노동의 대가를 낮아지게 하는 것은 노동에 대한 보수로 생활을 영위하는 모든 사람에 대한 심각한 범죄 행위다. 유럽 대륙의 많은 나라에서 결혼 당사자들이 가족을 부양할 만한 능력을 가지고 있다는 사실을 입증할 수 없는 한 결혼을 금하는데, 이것은 국가의 정당한 권력 행사의 범위를 넘어서는 것이 아니다. 그러한 법이 합당하든 그렇지 않든 간에, 그것은 자유에 대한 침해로 비판할 수 있는 문제가 아니다. 나는 그러한 법은 다른 사람들에 대한 침해 행위를 금지시키는 국가의 정당한 간섭이라고 생각한다.

6. 정부의 간섭이 늘어날수록 자유에 대한 침해는 커진다

나는 개인에 대해 정부가 간섭할 수 있는 한계와 관련된 아주 중요한 문제들을 마지막에 다루려고 남겨 놓았다. 이것은 정부의 간섭에 반대하는 이유가 자유의 원리에 근거하지 않는 경우들에 속한다. 다시 말해 그것은 개인의 자유로운 행동을 구속하는 것에 관한 문제가 아니라, 그러한 행동을 조장하는 것에 관한 문제다. 즉 개인 자신이 개별적·자발적으로 힘을 합쳐 일을 처리하게 내버려 두지 않고, 정부가 그 일을 하거나 정부의 감독 아래 그 일을 하게 하는 것이 정당한가 그렇지 않은가 하는 문제다.

개인의 자유 침해와 관계없는 정부의 간섭에 대한 비판에는 세 가지가 있을 것이다.

첫째, 정부보다는 개인에 의해 행해지는 편이 더 나을 것이라고 생각되는 경우다. 일반적으로 어떤 일을 처리할지의 여부, 그 일을 어떠한 방식으로 해야 할지의 여부, 어떤 사람이 처리해야 할지의 여부를 가장 잘 결정할 수 있는 것은 그 일에 개인적으로 이해관계를 갖고 있는 사람들이다. 이 원칙에 따르면, 한때 매우 빈번하게 행해졌던 개인과 기업의 경제 활동에 대한 국가의 간섭은 부당한 것이다.

둘째 비판은 이 주제와 더욱 밀접한 관계가 있다. 개인들의 능력을 평균적으로 평가한다면, 그들이 정부의 관리보다 일을 수행하는 능력이 뛰어나지 않다. 그러나 그들의 지적 능력을 향상시키기 위한 교육을 위해 그 일을 정부보다 개인이 수행하는 것이 바람직하다. 그들은 일을 수행하는 과정에서 실제로 판단 능력을 기르고, 주어진 문제를 해결하는 데 필요한 지식을 습득하고 배움으로써 능력을 키워 나갈 수 있다. 이것이 바로 비정치적인 사건의 경우 배심원들의 재판 참여를 권장하고, 자유롭고 대중적인 지방 자치를 활성화하며, 자발적인 단체에 의한 산업 생산과 자선 사업의 운영을 권고하는 주된 이유다.

이것은 이 책에서 말하는 자유의 문제가 아니라 인간의 발전에 관한 문제다. 그리고 이것은 실제로 시민에 대한 교육이고, 자유로운 대중에 대한 정치 교육이며, 그들을 개인적·가족적 이기심이라는 좁은 세계에서 끌어내 그들 공동의 이익에 대한 이해와 공동의 사무를 다루는 데 익숙하게 만드는 일이다.

자유로운 정치 체제는 이러한 습관을 기르고 능력을 키우는 일 없이 운영될 수 없으며 유지될 수도 없다. 비록 정치적 자유가 있다고는 하지만 지방 자치에 토대를 두지 않은 국가에서는 정치적 자유가 영속적이지 못하고 일회적인 것으로 끝나는 경우가 많다. 순전히 지역적인 사업은 지역민들에 의해 운영되어야 하며, 더 큰 산업 경영은 재정적인 수단을 자발적으로 제공하는 이들 지역민들의 연합체에 의해 운영되는 것이 개성의 발달과 행동 양식의 다양성이라는 측면에서 볼 때 바람직하다.

정부의 활동은 어느 곳에서나 획일화를 추구하는 경향을 지닌다. 이에 반해 개인들과 자발적인 협력 단체들은 다양한 실험을 통해 끊임없이 다양한 경험을 얻을 수 있다. 국가가 유용하게 소기의 목적을 달성할 수 있는 것은 수많은 시행을 한 결과 얻은 경험을 저장하고, 그 경험을 대중에게 적극적으로 전달하고 보급하는 활동을 하는 것이다. 국가의 임무는 자신의 것 이외의 어떠한 실험도 허용하지 않는 것이 아니다. 오히려 저마다의 모든 실험자에게 다른 사람들의 실험에서 얻은 좋은 결과와 이익을 나누어 줄 수 있도록 하는 것이다.

정부의 간섭을 거부하는 가장 호소력 있는 세 번째 이유는 정부 권력을 불필요하게 증대시키는 것은 큰 해악이라는 것이다. 정부가 이미 행사하는 기능에 새로운 기능이 추가될 때마다 정부의 영향력은 더욱 광범위하게 확산된다. 이에 부응해 활동적이고 야심적인 성향을 가진 시민들은 더욱더 정부의 부속물이 되어 자신의 이익을 취하려 하거나 집권을 목표로 하는 정당들의 부속물로 전락할 것이다. 만일 도로, 철도, 은행, 보험 회사, 대기업, 대학, 그리고 공공 자선 단체가 모두 정부의 산하 단체가 된다면, 또는 이 모든 다양한 단체의 직원들이 정부로부터 임명받고 봉급을 받으며 출세를 위해 정부에 의존한다면, 아무리 출판의 자유가 존재하고 대중적인 입법부가 존재한다고 해도, 영국은 물론 다른 어떤 국가에서도 개인이 자유롭다는 것은 다만 명목뿐일 것이다.

행정 기구가 더욱더 효율적이고 과학적으로 구성될수록, 다시 말해 행정 기구를 관리하고 운영할 최고의 기술과 두뇌를 얻기 위한 장치가 더욱더 세련될수록, 그 해악은 더욱 커질 수밖에 없다. 직무를 담당하기에 적합한 최고의 지성과 교육을 갖춘 사람을 구하기 위해 정부의 모든 공무원은 경쟁시험을 통해서 선발해야 한다는 제안이 최근 영국에서 나왔다.

만일 국가의 최고 두뇌들을 경쟁시험을 통해 모두 정부 기관으로 유인할 수 있다면, 이는 상당한 불안을 유발할 것이다. 조직적인 협조나 넓고 포괄적인 식견을 필요로 하는 사회의 모든 활동 분야가 정부의 수중에 있다면, 그리고 모든 정부 기관이 예외 없이 가장 유능한 사람들로 채워진다면, 사색적인 분야에 종사하는 사람들을 제외한 폭넓은 교양과 지성을 갖춘 사람들이 거대한 관료제 속으로 모여들 것이다. 그 속에 들어 있지 않은 사람들은 모든 일을 이 관료제가 해 주기를 기대할 것이다. 대중은 그들이 해야 할 모든 일에 대해 관료들의 지도와 명령을 받으려 할 것이다. 반면에 능력 있고 야심적인 사람들은 자신의 출세를 이 관료제 속에서 추구하려고 할 것이다. 이러한 관료 집단에 들어가도록 허용되는 것, 그리고 이 집단에 들어갔을 경우 집단 속에서 출세하는 것만이 유일한 야심의 대상일 것이다.

이와 같은 제도 아래서 정부 기구 밖에 존재하는 대중은 실제적인 경험이 없는 까닭에 관료 집단의 직무 집행 방법을 비판하거나 견제할 능력이 없다. 뿐만 아니라 비록 개혁적인 성향을 가진 지도자가 등장한다고 해도 관료제의 이익에 반하는 어떠한 개혁도 실효를 거둘 수 없을 것이다. 이와 같은 것들이 러시아 제국의 우울한 분위기를 보여 주는데, 이러한 사실은 러시아를 세심하게 관찰한 사람들의 보고서에서 나타난다. 러시아 황제 자신은 관료 집단에 대해서 무력하다. 그는 어느 한 관료를 시베리아로 유배 보낼 수는 있다. 하지만 관료 집단 없이 또는 그들의 의지에 반해서 그의 정당한 지배력을 행사할 수는 없다. 황제의 칙령에 대해 그들은 그것을 실천에 옮기지 않음으로써 묵시적인 거부권을 행사할 수 있기 때문이다.

더욱더 진보된 문명 국가와 더욱더 저항적인 정신을 가진 국가에서 대중은 국가가 그들을 위해 모든 것을 해 주기를 기대하거나 국가가 그것을 하도록 내버려 두거나, 심지어 그것이 행해지는 방법에 대해서까지도 국가에 요청하는 일 없이 스스로 아무것도 하지 않는 데 익숙해져 있기 때문에, 대중은 그들에게 닥치는 모든 재앙을 자연스럽게 국가의 책임으로 돌린다. 그리고 그 재앙이 자신들의 인내의 한계를 넘어설 때 정부에 대항하고, 소위 말하는 혁명을 일으킨다. 이러한 상황에서 국민으로부터 정당한 권위를 위임받았든 그렇지 않든, 어떤 사람이 권좌에 앉아 관료에게 명령을 하달하면 모든 것은 이전의 상황으로 다시 돌아간다. 관료들은 변화하지 않았고 아무도 그들의 지위를 대신 수행할 수 없다.

그들 자신의 일을 처리하는 데 익숙한 사람들에게는 이와 다른 장면이 연출된다. 프랑스에서는 대중의 상당수가 군대에서 복무한 경험이 있고 많은 사람들이 적어도 하사관의 지위에 있었기 때문에, 그들은 모든 대중의 반란을 지휘하고 그럴듯한 행동 작전을 즉석해서 만들어 낼 능력이 있는 사람들이다. 프랑스인들이 군사적인 면에서 일을 해낼 수 있는 것처럼 미국 사람들은 모든 종류의 민간사업 분야에서 일을 해낼 수 있다. 정부가 없는 상태로 내버려 두면 모든 미국인은 그 자리에서 정부를 조직해 그 업무나 다른 공공사업을 충분한 지성, 질서, 결단력을 가지고 수행해 낼 수 있다. 이것이 모든 자유인이 모범으로 삼아야 하는 모습이다. 이러한 일을 해낼 수 있는 사람들은 확실히 자유인들이라 하겠다. 이러한 사람들은 중앙 행정 조직의 지휘권을 장악하고 조종할 수 있기 때문에 다른 사람이나 집단에 의해 자신들이 노예가 되는 것을 결코 허용하지 않을 것이다. 어떠한 관료도 이러한 사람들에게 그들이 원하지 않는 일을 시키는 것을 바랄 수 없다.

그러나 모든 일이 관료에 의해 행해지는 곳에서는 관료가 진정으로 반대하는 일은 그 어떤 일도 이룰 수 없다. 그러한 나라의 국가 조직은 일반 대중을 지배하려는 목적으로 국민들 가운데 경험 있고 재능이 있는 사람들을 묶어서 국가를 통제 가능한 집단으로 변화시키려는 조직이라고 할 수 있다. 그 조직이 자체적으로 완벽하면 완벽할수록, 그리고 공동체의 각 분야에서 뛰어난 능력을 가진 사람들을 관료제로 흡수해 이들을 교육시키는 데 성공하면 할수록, 관료제의 구성원들을 포함한 모든 사람을 구속하는 것이 더욱 완벽해진다. 왜냐하면 피지배자가 지배자의 노예인 것과 마찬가지로, 지배자 역시 조직과 규율의 노예가 되기 때문이다.

한 나라에서 능력 있는 인재가 모두 통치 집단이 되면, 조만간에 통치 집단 자체의 정신적인 활동 증진과 개혁에 치명적인 손상을 가져온다는 점을 잊어서는 안 된다. 관료들은 집단으로 존재하기 때문에 다른 조직체와 마찬가지로 고정된 규칙에 따라 조직체를 운영하며, 그로 인해 무사인일과 나태라는 유혹에 빠질 수 있다. 또는 비록 그들이 때때로 고정된 궤도를 이탈한다 할지라도, 그 조직 지도자들의 마음에 드는 조잡한 계획에 합류하려는 유혹에 빠질 수 있다. 이러한 관료들의 성향을 억제할 수 있는 유일한 방법, 즉 관료 집단 자체의 능력을 높은 수준으로 유지할 수 있는 유일한 자극제는 이 집단 외부에 존재하는 능력 있는 사람들이 이 관료 집단에 대해 지속적으로 치밀하게 비판을 가하는 것이다.

따라서 이와 같은 맥락에서 그러한 능력을 가진 사람들을 양성할 뿐만 아니라, 중요한 문제를 정확하게 판단하는 데 필요한 경험과 기회를 그들에게 제공하는 수단이 정부와는 독립적으로 존재해야 한다는 것은 반드시 필요하다. 우리가 유능하고 효율적인 관료 집단을 가지려고 한다면, 특히 새로운 것을 창안해 내고 많은 개선을 기꺼이 실행하려는 관료 집단을 갖고자 한다면, 나아가 우리의 관료 정치를 공론 정치로 타락시키려 하지 않는다면, 인류의 능력을 형성하고 계발하는 모든 일을 관료 집단이 독점하도록 내버려 두어서는 결코 안 된다.

7. 이상적인 정부에 대한 제안

인간의 자유와 진보에 엄청난 해악이 닥치는 시기가 언제인지를 판단하는 것, 즉 사회가 발전의 장애물들을 제거하기 위해 인정한 지도자를 앞세워 사회의 힘을 집단적으로 행사함으로써 그 해악이 대중의 이익을 압도하는 시기가 언제인지를 판단하는 것은 간단하지 않다. 다르게 말해 사회의 활동 가운데 너무 많은 부분이 정부 기관을 통해 이루어지지 않도록 방지하면서 집중화된 권력과 지성이 갖고 있는 이점을 극대화하는 시기를 판단하는 것은 통치 기술 중에 가장 어렵고 복잡한 문제다. 이 문제에 대해서는 다양한 관점에서 세심하게 살펴보아야 한다. 하지만 이 문제에 대한 절대적인 규칙을 정할 수는 없다.

그러나 나는 안전하게 이상을 굳게 지킬 수 있는 원리, 즉 어려움을 극복하기 위해 마련한 제도들을 검증하는 기준을 다음과 같이 표현할 수 있다고 믿는다.

"권력은 효율성과 모순되지 않는 한 최대한 분산시키되, 정보는 최대한 집중시켜 이것을 중앙으로부터 확산시켜라."

그래서 뉴잉글랜드의 여러 주처럼, 지방 행정에서 직접적인 이해관계가 있는 사람들에게 맡겨서는 안 되는 모든 업무는 지역 주민들이 선출한 독립적인 공무원에게 분담시켜 세분화해야 할 것이다. 그러나 이것 외에 지역 사업을 담당하는 각 부서에는 중앙 감독자를 두어, 그가 중앙 정부의 지부 역할을 담당하게 해야 한다. 이러한 감독 기관은 모든 지역에 있는 공공사업 부서의 활동이나, 외국 정부에서 행해진 유사한 기관의 모든 활동, 그리고 정치학의 일반 원리로부터 이끌어 낼 수 있는 다양한 정보와 경험을 마치 렌즈의 초점처럼 중앙으로 집중시킬 것이다.

이 중앙 기관은 사회에서 일어나는 모든 일에 대해 알 권리를 가져야 한다. 또 이 기관의 특별한 의무는 어느 한 지방에서 얻은 지식을 다른 지방에서 쓸모 있게 활용할 수 있도록 알려 주는 것이다. 이 기관은 다른 기관보다 높은 지위를 점하고 있으며 그 종합적인 안목으로 인해 지역 정부의 사소한 편견과 편협한 시각에서 벗어날 수 있기 때문에, 그 기관의 의견은 자연스럽게 상당한 권위를 갖는다.

그러나 나는 영속적인 제도로서 중앙 기관의 실제 권한은 지방 공무원들로 하여금 법률을 준수하도록 하는 정도에 국한되어야 한다고 생각한다. 일반 규칙이 없는 사항에 대해서는, 공무원들이 그들의 선거구민들에게 책임을 지는 조건 아래서 자신들이 스스로 판단을 내릴 수 있도록 해야 한다. 규칙을 위반할 경우 그들은 법적 책임을 져야 하고, 규칙은 입법부가 제정해야 한다. 중앙 정부와 관리는 집행을 감독하는 일만 해야 한다. 규칙이 적절하게 집행되지 않는다면, 사안의 성격에 따라 법을 집행하는 사법부에 호소하거나 법을 집행하지 않은 관리를 파면하도록 선거구민에게 호소해야 할 것이다.

정부가 개인의 활동과 발달을 막지 않으면서 그들을 돕고 지원하는 활동을 한다면, 그런 활동은 아무리 많아도 지나치다고 할 수 없다. 정부가 개인들과 집단들의 활동과 능력을 북돋우거나 격려하는 것이 아니라 직접 나서서 그 일을 할 때, 정보를 제공하고 권고하고 비판하는 것이 아니라 정부가 개인들에게 억압적으로 일을 시키고 그들을 구석으로 제쳐 놓은 채 정부 자신이 그들의 일을 대신할 때 해악이 발생하기 시작한다.

장기적으로 볼 때 국가의 가치는 궁극적으로 그것을 구성하고 있는 개인들의 가치다. 개인들의 정신력을 계발함으로써 얻는 이익을 무시하고 세부적이고 사무적인 행정 수완이나 경험을 통해 얻는 능력을 중시하는 국가, 또는 국민들을 위축시키고 그들을 자신의 수중에 놓고 마음대로 할 수 있는 온순한 도구로 만들기 위해 그들을 왜소하게 만드는 국가는 다음과 같은 두 가지 사실에 유념해야 한다. 하나는 그렇게 왜소한 국민들로는 어떤 위대한 일도 전혀 성취할 수 없다는 점이다. 또 다른 하나는, 국가가 모든 것을 다 희생하면서 완성한 기계(국민)건만 그 기계를 원활하게 작동시킨다는 명목으로 국가 스스로가 없애 버린 활력의 부족 때문에 결국 아무런 효력도 발휘하지 못할 것이라는 점이다.

《자유론》, 자유에 대한 끊임없는 질문

1. 밀의 생애

인터넷 검색창에서 '밀(Mill)'을 치면 두 명의 이름이 나타난다. 하나는 제임스 밀(James Mill, 1773~1836)이고, 다른 하나는 존 스튜어트 밀(John Stuart Mill, 1806~1873)이다. 그렇다면 이 두 사람은 어떤 관계일까? 바로 아버지와 아들이다. 존 스튜어트 밀은 이 책 《자유론》을 지은 저자며, 제임스 밀은 그의 아버지다. 제임스 밀은 당시에 철학자, 역사학자, 경제학자로 17~18세기 학계에 널리 알려진 인물이었다. 역사상 부자(父子)가 모두 인명사전에 오르는 것은 그리 흔한 일이 아니라는 점을 염두에 두면, 밀은 이런 아버지를 두었다는 점에서 학자로서의 앞날을 어린 시절부터 보장받은 행운아라고 할 수 있다.

존 스튜어트 밀은 1806년 영국 런던에서 제임스 밀의 6남매 중 장남으로 태어났다. 그는 어릴 때부터 또래의 아이들과 달리 천재적인 모습을 보였다. 이런 그의 재능을 알아본 아버지는 일찌감치 그를 자신의 후계자로 점찍고, 밀의 교육에 온 힘을 기울였다. 그의 아버지는 공리주의자 벤담(Jeremy Bentham, 1748~1832), 경제학자 리카도(David Ricardo, 1772~1823)와 친구였으며, 당대의 석학이었다.

아버지의 전폭적인 가르침 아래 밀은 아주 어릴 때부터 엄격한 조기 영재 교육을 받았다. 그 나이의 다른 아이들이 한창 장난감을 가지고 놀 때, 밀은 아버지가 건네주는 그리스·로마의 고전을 읽으며 라틴어 단어와 문장을 이해하고 암기하는 데 많은 시간을 보내야 했다. 이렇게 공부에 전념하면서 밀은 유소년 시절, 어려운 미적분학과 기하학을 포함해 집 안에 있던 거의 모든 책을 읽을 정도로 다독했다. 정규 학교 교육은 한 번도 받은 적이 없었지만 그의 독서량은 가히 우리의 상상을 뛰어넘었다.

아버지 밀은 아들이 노는 버릇을 들이지 않도록 그 나이의 아이들이 하는 모든 형태의 놀이로부터 그를 완전히 격리시켰다. 어린 밀에게는 막대기를 휘두르면서 칼싸움을 할 만한 친구도 없었고, 한가로이 여유를 부리며 쉴 수 있는 휴일도 없었다. 그는 아버지에 의해 아이다운 모든 것에서 철저히 차단당한 채 오직 학문과 토론의 세계 속에서만 살았다. 그래서 훗날 그가 쓴 자서전을 보면, 당시 어린 아이였던 그는 다른 아이들도 자기처럼 치열한 어린 시절을 보낼 것이라고 생각하면서 혹독하게 공부했다고 한다. 그는 아버지와 숲속을 산책하면서 리카도의 경제학이나 벤담의 공리주의에 대해 토론하고, 아버지가 제시한 주제와 관련된 독서에 전념해야 했다. 그는 자서전에서 자신의 어린 시절에 대해 "나는 단 한 번도 소년인 적이 없었다."고 말했듯이, 조숙한 천재의 길을 걸었다. 하지만 그가 나중에 경제학 분야뿐만 아니라 다양한 분야에서 탁월한 업적을 남길 수 있었던 것은 아버지의 이런 체계적이고 지속적인 교육 때문이었을 것이다.

밀은 이렇게 어린 시절부터 당시 영국 학계에서 주류를 이루던 고전 경제학과 공리주의를 자신의 사상적 밑거름으로 삼아 성장했다. 고전 경제학은 애덤 스미스(Adam Smith. 1723~1790)에 의해 완성된 자유(*방임*)주의 경제학을 말하는데, 리카도는 애덤 스미스를 계승하면서 동시에 자유주의 경제학의 구체적인 정책과 내용을 세밀하게 분석하고, 맬서스(Thomas Robert Malthus, 1766~1834)와 함께 자유주의 경제체제의 문제점을 지적하는 주장을 하기도 했다. 공리주의는 철학자 벤담이 내세운 이론으로, '최대 다수의 최대 행복'이라는 유용성의 원리(the principle of utility)를 기반으로 자유주의 체제의 유용한 기능을 낙관한 주장이었다. 밀은 어린 시절 아버지의 친구인 벤담과 이웃에 살면서 일찍부터 그와 교류하고 가르침을 받는 입장이었다. 그러다가 청년 시절 프랑스에 1년간 머물면서 프랑스의 자유주의에 깊은 관심을 가졌으며, 프랑스 체류를 끝내고 영국으로 돌아오는 도중 벤담의 《입법론》을 읽고 그의 사상에 깊이 빠져들었다. 이때부터 그는 열렬한 벤담주의자가 되어 공리주의 협회를 설립하는 데 참가해 연구 모임을 주도하기도 했다.

하지만 뒤에 가서는 삶의 행복이 사회적 쾌락의 양으로 결정된다는 벤담의 양적 공리주의를 벗어나 인간의 행복에는 그 질적인 차이도 고려되어야 한다고 주장하면서 벤담의 사상과는 다른 질적 공리주의를 내세웠다. 우리에게도 잘 알려진 "배부른 돼지가 되기보다는 배고픈 인간이 되는 것이 낫고, 만족스러운 바보가 되기보다는 불만족스러운 소크라테스가 되는 것이 낫다."는 유명한 구절은 다름 아닌 밀이 남긴 말이다.

이렇게 아버지와 그 친구들의 사상적인 영향을 받으며 청년기를 맞은 밀은 아버지의 바람과는 달리 변호사가 되는 길을 버리고 경제 활동의 구체적인 현장을 경험하기 위해 동인도 회사에 취직했다. 물론 그렇다고 그가 아버지와 그 친구들의 사상적인 입장과 결별한 것은 아니었다. 그는 여전히 리카도와 벤담의 충실한 제자였고, 영국 중산층 지식인의 가장 전형적인 모범생이었다. 이 무렵 그는 《웨스트민스터 리뷰(Westminster Review)》에 글을 기고하는 등 이미 지식인 사회의 새로운 유망주로 인정받았으며, 활발한 토론과 저술 활동을 벌이기도 했다. 또한 영국 사회가 안고 있던 각종 문제점을 분석하면서 사회 개혁 운동에 적극적으로 참여하기도 했다.

하지만 그는 이처럼 활발한 사회 활동을 하는 과정에서 인생에 대한 깊은 회의감에 걷잡을 수 없이 빠져들었다. 아마도 이것은 남들과 달리 혹독하고 힘겨운 소년기를 보낸 탓에 뒤늦게 나타난 삶의 회의일지도 모른다. 자신이 열렬하게 지지했던 공리주의에 대한 회의감에 깊이 빠졌던 시기도 이때였다. 그는 자신이 그동안 받았던 주입식 교육이 일방적이었음을 깨닫고 이에 대해서도 깊이 반성했다.

이렇게 젊은 날의 방황과 좌절에 빠져 있던 시기인 스물다섯 살 때, 그는 운명적인 사랑을 한다. 사회 활동을 벌이던 모임에서 해리엇 테일러(Harriet Taylor)라는 이상형의 여자를 알게 된 것이다. 하지만 안타깝게도 그녀는 이미 다른 남자의 아내였다. 그런데도 그는 사상적 동반자로서 그녀와 정신적인 만남을 지속했고, 이런 교류는 이후 계속 이어졌다. 밀은 해리엇과의 만남을 통해 청년기의 우울과 좌절을 극복할 수 있었으며, 삶의 의미를 다시 찾기 시작하면서 사색적인 작업과 저술 활동에서도 활기를 되찾았다. 이 과정에서 밀은 그녀로부터 상당한 조언과 도움을 받았는데, 이러한 일로 인해 남들의 입방아에 오르내리기도 하고 친구 관계나 가족 관계에서 상처를 받기도 했다. 하지만 그녀는 밀이 새롭게 생각해 낸 논제를 논의할 수 있는 아주 좋은 토론 파트너였고, 때로는 친절한 원고 수정자이기도 했으며, 그의 의견을 바로잡아 고치게 만든 조언자이 기도 했다.

이처럼 밀은 해리엇 테일러와의 교류를 지속하면서 점차 영국 지식인 사회의 저명인사로 자리 잡았고, 경제학과 철학에 관한 책들을 출간하기도 한다. 그러다가 그녀를 알게 된 지 20여 년이 지난 후 그녀의 남편이 죽자, 두 사람은 정식으로 결혼하기에 이른다. 하지만 얼마 지나지 않아 안타깝게도 두 사람 모두 결핵에 감염된다. 결핵은 당시 빅토리아 시대에는 치명적인 병이었다. 그들은 병을 치료하기 위해 프랑스 남부로 여행을 갔는데, 이때 밀은 건강을 다시 회복했으나 아내는 병이 급속도로 악화되어 결국 밀의 곁을 떠나고 만다.

해리엇이 세상을 떠난 뒤 밀은 다시 영국으로 돌아와 저술에 온 힘을 기울였으며, 그 결과 이듬해인 1859년에는 그의 불후의 작품으로 꼽히는 《자유론》을 발간하기에 이른다. 이후 여성의 평등 문제를 다룬 《여성의 종속》을, 대중 민주주의의 문제점을 제시한 《대의 정부에 대한 고찰》을 출간했다.

그는 학문 활동과 저술 활동 외에 동인도 회사의 통신 심사 부장을 역임하면서 동인도 회사의 중역으로 활약하기도 했으며, 말년에는 정치에도 입문해 1865년 7월 총선거에서 서민원(하원) 의원에 당선되기도 했다. 의원 시절 그는 소외 계층이나 노동자 계급을 위해 활발

하게 의정 활동을 하였는데, 이런 그의 튀는 활동 때문에 중산층의
반발을 사 1868년 총선거에서는 낙선하는 고배를 맛보기도 했다. 이
후 조용히 정계를 은퇴한 후 저술 활동에 전념하다가, 1873년 5월 프
랑스 아비뇽에서 생을 마감했다. 그의 나이 예순일곱 때였다. 오늘날
자유 민주주의 사상의 고전이자 원천이라 불리는 《자유론》의 저자
존 스튜어트 밀은 이렇게 한 시대를 마감하고 아내의 무덤 곁에 나란
히 묻혔다.

주요 저서로는 《자유론(On liberty)》(1859년)을 비롯해 《논리학 체
계(A System of Logic)》(1843년), 《정치경제학 원리(Principles of Political
Economy)》(1848년), 《여성의 종속(On the Subjection of Women)》(1861년),
《대의 정부에 대한 고찰(Considerations on Representative Government)》(1861
년), 《공리주의(Utilitarianism)》(1863년), 《자서전(Autobiography)》(1873년)
등이 있다.

2. 밀의 자유주의 사상

개인과 공동체(사회)와의 관계 및 그 질서를 중심으로 이상적인 사
회에 대한 신념 체계나 가치 체계에는 공동체주의와 자유주의가
있다. 물론 《자유론》을 근거로 말하자면, 이 가운데 밀이 추구한 이

상적인 사회는 자유주의 사회였다.

공동체주의는 한마디로 개인보다는 공동체를 중시한다. 즉 개인의 자유와 권리보다는 공동체의 발전과 번영을 추구하는 것에 일차적인 관심을 둔다. 이러한 관점에 따르면, 인간은 공동체의 한 구성원으로서 타인들과의 상호 작용 속에서 살아가는 사회적 존재이자 사회적인 역할과 책무를 먼저 고려해야 하는 '사회 속에서의 개인, 공동체 안에서의 자아'라고 할 수 있다. 즉 개인은 그가 무엇을 특별히 좋아하는가 하는 개인적인 관심이나 이해보다는 공동체 안에서 그 자신이 차지하는 위치와 그러한 위치에 따르는 책임과 의무를 수행하는 것을 중시해야 한다는 입장이다.

반면에 자유주의는 공동체(사회)의 간섭이나 통제보다는 개인의 자유를 보다 중요하게 여기는 사상으로, 공동체주의자들로부터 쾌락주의적이거나 이기주의적이라는 이유로 비판을 받기도 했다. 역사적으로 보면 자유주의는 근대 시민 계급의 이익을 대변하는 사상으로 등장해, 자유로운 경제 활동을 보장하는 자유(*방임*)주의에서 출발했다고 볼 수 있다. 이후 시민 혁명을 거치면서 민주주의와 결합되어 천부 인권과 언론·출판·결사·집회의 자유를 의미하는 사상으로 받아들여지고 있다.

자유주의적 시민은 얼핏 보면 소유에 집착하고 개인주의적인 성향을 지니며 쾌락을 쫓는 존재, 도덕성을 상실한 이기적인 존재로 보일 수 있다. 하지만 그것은 겉으로 드러나 보이는 현상만을 통해 살펴본 평가일 뿐이다. 밀이 《자유론》에서 언급한 것처럼 진정한 자유주의적 시민은 다른 사람에게 피해를 주지 않으면서 자신이 원하는 것을 행하는 사람이다. 밀은 자유를 남에게 피해를 주지 않으면서 자신이 원하는 것을 하는 거로 개념을 규정한다. 이러한 자유에 대한 그의 개념에 초점을 맞추어 말하자면, 밀의 자유주의적 시민과 저급한 이기주의적 시민을 동일시해 자유주의를 평가 절하하는 것은 옳지 못하다.

현대처럼 다원화되고 민주화된 사회에서는 공동체적인 도덕이나 가치가 점차 그 의미를 잃어 가고 있다. 뿐만 아니라 밀의 주장처럼 개인은 그의 창의성을 해치는 획일성을 강요당할 위험에 처해 있다. 더구나 정치적 존재로서의 인간보다는 문화적 존재, 유희적 존재로서의 인간이 보다 중요한 가치로 떠오르는 현대 사회에서 오히려 인간은 사적인 영역에서 행복과 사랑, 우정과 기쁨을 맛보며 생의 활력을 얻을 수 있지 않을까. 따라서 타인에게 피해를 주지 않는 한도 내에서 개인의 자율성을 존중하는 밀의 자유주의적 시민은 다원화된 오늘날 더한층 그 가치를 발할 수 있다고 하겠다.

3.《자유론》이란 어떤 책인가?

(1) 등장 배경

밀이《자유론》을 출간한 때는 1859년으로 빅토리아 시대(1837~1901)에 해당한다. 우리는 흔히 이 시대를 영국 역사의 전성기라 부른다. 빅토리아 여왕은 열여덟 살이란 어린 나이에 왕위에 올라 영국 역사에서 가장 오랜 기간 통치했으며, 그 시대는 영국이 정치·사회·경제적으로 그 어느 때보다도 안정된 시기였다.

빅토리아 왕조 이전인 19세기 초에 이미 비국교도가 공직을 가질 수 없도록 규정한 법률인 심사법이 폐지되어 신교도들에게도 관직에 나갈 수 있는 길이 열렸으며, 또한 가톨릭교도 해방법이 제정되어 가톨릭교도에 대한 차별이 폐지된 뒤였다. 따라서 당시 영국은 신분적으로도 다른 유럽 국가들에 비해 비교적 자유로운 나라였다. 뿐만 아니라 정치적으로 자유 민주주의가 제도화되는 시기로, 내각의 수상에 의해 실질적인 정치가 이루어졌으며, 의회주의가 안정적으로 운영되었다. 즉 당시 영국은 대륙과 달리 자유주의적인 성격을 띤 대부분의 제도 개혁이 별 어려움 없이 진행되던 시기였다.

또한 그 시대는 영국이 경제적으로도 번영을 누리던 때였다. 18세기에 일어난 산업 혁명이 절정에 이른 이 시기의 영국은 산업 혁명의 최선두 국가였다. 물론 산업 혁명 이후 인구의 도시 집중과 산업 자본가의 성장에 따른 빈부 격차 문제 등 사회적인 갈등이 나타났고, 이 과정에서 선거 제도의 개선이 사회적인 문제로 등장하기도 했다. 하지만 이후 선거법을 개정해 부패 선거구를 없애고 신흥 상공인 계층에게 피선거권을 부여하는 등 점차 제도 개선이 진행되었다. 이런 과정에서 아무런 혜택을 받지 못하던 노동자와 여성들의 선거권을 주장하는 차티스트 운동이 일어났다. 차티스트 운동은 결국 실패로 끝났으나 이들의 주장은 이후 지속적으로 이루어진 선거법 개정을 통해 국민 대부분이 선거에 참여할 수 있는 민주적인 체제로 변모하는 밑거름이 된다.

이렇듯 밀이 살았던 시대의 영국은 전반적으로 정치적인 안정과 경제적인 풍요를 누리며, 대외적으로 많은 식민지를 가지고 있던 최강의 국가였다. 따라서 영국은 다른 나라를 압도하는 강력한 힘과 영향력을 가지고 있었고, 유럽의 다른 많은 나라들은 이러한 영국을 부러움의 시선으로 바라보았다. 이와 더불어 영국은 안팎으로 다양한 측면에서 다른 나라와 비교해 우월감을 지니고 있었으며, 자신감도 충만한 상태였다. 그러면서 전 세계에서 가장 모범적인 민주주의 국가임을 자처했다.

하지만 이 같은 시대적 분위기 속에서 밀은 조금 다른 시각으로 영국을 바라보았다. 그리고 그 시대가 안고 있던 모순을 지적하고자 했다. 그것은 당시 영국의 민주주의가 지닌, 그리고 앞으로 민주주의가 전개되는 과정에서 드러날 수 있는 모순에 대한 날카로운 분석과 비판이었다.

밀이 지적하고자 한 문제의 핵심은 민주주의의 주요한 의사 결정 방식인 다수결이 지닌 문제점이었다. 《자유론》에서도 언급했듯이 아테네의 민주주의가 소크라테스를 사형시킨 것처럼 지적 성찰이 이루어지지 않은, 또는 토론과 의견의 다양성을 보장하지 않는 다수의 의사는 다른 의견을 가진 소수자의 견해를 탄압할 수 있으며, 이것은 대중 여론에 따라 개인의 자유를 침해할 수 있다는 것이다.

국민의 여론, 즉 다수의 의사란 실은 그런 여론을 만들어 내는 정당이나 종교 단체 등 사회 지배층의 의견이라는 것, 다수의 의사는 이성적인 비판과 검토 없이 결정될 수 있다는 것, 따라서 얼마든지 옳지 않을 가능성이 있기 때문에 소수의 다른 의견일지라도 존중되어야 한다는 것 등이 밀이 비판한 핵심 내용이었다.

이런 여러 이유로 그는 특히 사상의 자유와 토론의 자유를 강조했는데, 비록 현재는 진리라고 받아들이는 것일지라도 우리가 충분한 비판과 검토 과정을 통해 그 진리의 객관성을 담보하지 않으면 그것은 한쪽으로 치우친 진리 또는 부분적인 진리에 불과하다고 보았던 것이다. 밀은 이렇게 날카로운 통찰력과 혜안으로 전성기를 누리며 민주 정치의 선진국이라고 칭송받던 빅토리아 시대의 영국 사회가 안고 있던 문제점들을 지적하면서 개인의 자유와 다양성을 강조했다. 그가 느꼈던 이러한 문제점은 이전보다 자유가 더 보장된 지금의 대중 민주주의 시대에도 여전히 나타나는 문제점이라고 할 수 있는데, 그러한 이유로 밀이야말로 진정 시대를 앞서 간 지식인이었다고 하겠다.

(2) 자유론의 핵심 내용

자유란 남에게 피해를 주지 않으면서 자신이 원하는 것을 하는 것

사회 속의 인간에게 진정한 자유란 무엇을 의미하는 것일까? 이에 대해 밀은 개인과 사회의 관계를 둘로 나누어 설명한다. 즉 자기 자신에만 관계되는 일과, 다른 사람에게도 영향을 미치거나 관련이 있는 일이 그것이다. 그는 각 개인이 자신과 관련한 일에 대해서는 어떤 결정을 내리든지 그것은 각 개인의 절대적인 자유라고 보았다.

하지만 다른 사람과 관련한 일에 대해서는 다른 사람에게 피해를 주지 않는 범위 안에서 각 개인의 자유를 행사해야 하는 것으로 파악했다. 따라서 타인과 관련한 일에 대해서는 법적·사회적 책임을 져야 한다고 보았다. 왜냐하면 사회적 존재인 인간은 그 행위가 다른 사람에게 미치는 영향에 대해서 당연히 고려해야 하기 때문이다. 즉 다른 사람에게 피해를 주면서까지 자신의 자유를 주장하는 것은 자유의 범위를 넘어서는 방종이기 때문이다.

그러므로 밀이 주장하는 자유의 기본 원칙은 그의 '위해의 원칙

(harm principle)'에 잘 나타나 있다. "다른 사람의 자유를 박탈하거나 자유를 얻기 위한 노력을 방해하지 않는 한 각자가 원하는 대로 자신의 삶을 영위할 수 있어야 한다."는 것이다.

자유의 지향점은 인간의 행복이다

개인의 자유가 지닌 가치는 무엇일까? 밀은 개인의 자유가 그 자신의 자아를 실현하고 행복을 보장할 뿐만 아니라 다른 모든 사람의 행복 또한 발전시킬 수 있다고 보았다. "우리가 다른 사람의 행복을 빼앗으려고 하지 않는 한, 또는 행복을 추구하는 타인의 노력을 방해하지 않는 한, 자유라고 부를 만한 가치가 있는 유일한 자유는 우리가 좋아하는 방식으로 우리 자신의 행복을 추구하는 자유다."라는 것이 밀이 생각하는 자유의 의미였다. 그러므로 밀에게 자유는 인간이 발전할 수 있는 유일한 그리고 항구적인 원천이며, 창의성을 계발해 인간 사회를 발전시키는 원동력인 셈이다.

결국 밀이 논하는 '자유'가 지향하는 궁극적인 목표는 인간의 행복이며, 사회의 진보와 진리에 대한 지향이었다. 그는 서로 다른 의견을 가진 사람들이 토론과 논증을 통해 서로가 가진 결점을 보완하면서 나아갈 때 인류는 진보할 수 있으며, 창의성을 최대로 발휘할 수 있다고 믿었다. '개성'을 발휘함으로써 인류가 행복에 이를 수 있다는 주장이다. 그러므로 밀의 입장은 서로 다른 의견이나 다양한 인간의 개성을 억압하는 사회는 더 이상 발전할 수 없고, 결국에는 퇴보한다는 것이다. 이런 입장은 그의 공리주의적 사고와 밀접하게 연관된 것으로 보인다. 개인과 사회는 보다 나은 행복을 찾기 위해 공존의 틀을 마련해야 하는데, 그 밑바탕에 자리하는 것이 바로 개인의 자유다.

대중 민주주의가 지닌 함정, 다수의 횡포

역사적으로 사람들은 자유의 문제를 전제적인 힘을 휘두르는 국가 권력의 제한에 두었다. 그리고 인류는 기나긴 자유를 위한 투쟁 과정을 통해 국민 주권, 즉 스스로 선출해서 탄생시키는 국가 권력을 획득하기에 이른다. 그것이 바로 근대 시민 혁명이 목표로 했던 자유 민주주의 정치 체제다.

이렇게 선거를 통해 스스로의 권력을 만들어 내면서부터 대중은 국가 권력과 대립 관계가 아니라 상호 의존 관계가 되었고, 이제 대중의 의사를 거스르는 권력은 존립 자체가 어려워졌다. 하지만 이러한 대중 민주주의 시대가 자리 잡으면서부터 생겨난 보다 큰 문제는 다수가 행사하는 횡포였다. 즉 사회를 지배하는 여론이나 신념 또는 관습이나 종교적 입장이 그와 다른 입장을 가진 개인들을 억압하고 의견을 발표할 기회조차 주지 않거나, 마치 정신병자를 대하듯 경멸하거나 노골적인 감정을 드러내 소심한 대중에게 암묵적인 동의를 강요하는 것이다. 이렇게 되면서부터 사람들은 자신이 생각하는 의견을 감추거나 사회가 강요하는 의견에 맹목적으로 동의하는 척할 수밖에 없어진다.

이것은 결국 어떤 개인의 사고방식을 사회의 지배적인 사고방식에 획일적으로 맞추려는 것이며, 개성을 말살하는 것은 물론 정신마저 황폐화시키는 일이다. 이렇게 되면 그 사회는 마치 기계에서 뽑아낸 제품처럼 똑같은 생각과 의견을 말하는 로봇만을 생산할 뿐이고, 그 결과는 사회의 정체와 쇠퇴로 이어진다. 진리를 추구하려는 비판적 지성은 물론 남다른 생각을 하려는 창의적인 사고도 사라지기 때문이다.

물론 다수의 견해는 많은 사람의 생각이 집약된 것이기 때문에 소수의 견해보다 옳을 가능성도 많다. 하지만 그것이 반드시, 언제나 옳음을 보장하지는 않는다. 우리는 소크라테스나 예수의 죽음 등 많은 역사적인 사례를 통해 이를 쉽게 발견할 수 있다. 오히려 다수의 견해는 도덕적 성찰과 비판적 숙고를 통해 도출된 것이라기보다 다수의 사람이 감정적으로 좋아하는 것을 집약한 것일 가능성이 크다. 그러므로 다수의 의사란 결국 그 사회를 이끌어 가는 어떤 정치 집단이나 관료 집단 또는 종교 집단의 의견을 대중이 맹목적으로 받아들이고, 그에 대한 아무런 의심도 없이 대중 스스로의 선호와 혐오 감정에 따라 결정된 것일 수도 있다.

따라서 우리는 다수의 의사가 다수의 횡포로 변질되는 것을 경계해야 한다. 지금까지 권력을 가진 자에 대해 경계를 늦추지 않은 것처럼 다수의 횡포에 대해서도 충분히 경계해야만 한다. 특히 오늘날처럼 정치에 대한 무관심이 팽배해지는 상황에서는 의도된 여론이나 만들어진 여론에 의해 전체의 의사가 왜곡되는 상황이 얼마든지 연출될 수 있기 때문이다.

이런 상황에 대한 치밀한 분석을 통해 밀은 다수의 횡포를 막기 위해 단 한 사람의 그릇된 주장일지라도 그것을 발표할 기회를 주고 그에 대해 토론할 수 있는 장을 마련해 주어야 하며, 서로의 비판과 토론을 통해 옳고 그름을 밝혀야 한다는 점을 강조한다. 그러므로 개인에 대한 사회의 간섭이나 통제는 오직 그가 구체적으로 사회에 해를 끼칠 경우를 제외하면 함부로 남용되어서는 안 된다는 것이다.

사상의 자유와 토론의 자유의 중요성

여기서 밀의 결론은 개인의 자유에 대한 제한은 적으면 적을수록 더욱 좋다는 것이다. 특히 사상의 자유를 보장하는 것은 인간의 가장 기본적인 자유를 인정하는 것이며 인류가 진리를 찾아 나아가기 위해서 반드시 필요한 기본 전제인 만큼, 어떤 의견이라도 자유롭게 발표할 기회를 주어야 한다는 것이다. 그리고 이렇게 자유로운 생각을 펼칠 수 있어야 인간은 개성과 독창성을 발휘할 수 있고, 진리에 한

걸음 더 가까이 다가갈 수 있다는 것이다.

그러면 사상의 자유를 위해서는 어떤 태도가 필요한가? 자신과 다른 견해를 '틀린' 견해로 보는 편견에서 벗어나 자신과 '다른' 견해라는 관용과 이해의 태도를 취해야 한다는 것이다. 즉 진정한 사상의 자유가 보장되기 위해서는 자신과 다른 의견에 대해 열려 있는 자세가 필요하다. 그러므로 진정한 자유는 아집과 독선, 지적 권위에서 벗어남으로써 가능한 것이다.

사상의 자유 못지않게 중요한 것은 토론의 자유다. 흔히 우리가 갖고 있는 의견이나 주장은 이성적·논리적 사고에 따라 치밀하게 논증된 것이 아니라 그 사회 대부분의 사람들이 옳다고 생각하는 감정이나 여론, 관습에 따라 결정된 것일 가능성이 높다. 보통 사람들은 다수의 의사를 당연한 것, 즉 아무런 의심도 없이 자명하고 정당한 것으로 받아들인다. 하지만 이것은 인류의 착각일 뿐이다.

따라서 토론과 논증을 거치지 않은 견해가 있다면 그것은 진리가 아니라 단지 독단일 수도 있다. 어떤 의견이든, 예를 들어 기독교를 믿는 국민이 갖고 있는 신에 대한 절대적인 믿음조차도 반대 의견을 경청하는 토론을 거침으로써, 그것이 진정한 진리라는 것을 입증할 수 있어야 한다. 우리는 모든 견해에 대해 그것이 절대적으로 옳다고 믿는 무오류성의 가정을 버리고 토론을 통해, 즉 갑론을박을 통해 그 견해에 대한 근거를 따져 보고 그것의 진리 여부를 판단해야 한다.

토론을 거치지 않고 비판에 열려 있지 않은 진리는 진정한 진리라고 말할 수 없다고 밀은 여러 차례에 걸쳐 강조한다. 어떤 의견도 오류일 수 있다는 가능성을 인정해야 한다는 것, 그러한 가능성을 증명할 수 있는 제도적 기반이 마련되어 있어야 한다는 것, 그리고 어떤 의견이라도 진리의 일부분을 가지고 있을 수 있기 때문에 함부로 다루어서는 안 되고 이에 대해 경청해야 한다는 것이 바로 그의 주장이다.

그러므로 자신의 견해를 가질 수 있는 사상의 자유 못지않게 그것을 표현하고 토론할 수 있는 자유도 절대적으로 인정되어야 한다. 만일 이 의견이 진리라면 우리는 진리를 발견할 수 있는 기회를 갖는 것이며, 그 의견이 틀린 경우에는 다수의 견해가 가진 정당성을 다시한번 확인할 수 있는 기회를 갖는 셈이다. 뿐만 아니라 소수의 의견이 부분적으로 진리를 지니고 있다면, 다수 의견과의 상호 토론을 통해 보다 완전한 형태의 지식을 얻을 수 있는 기회를 갖는 것이다. 따라서 어떠한 경우에도 개인의 사상을 억압하는 것, 토론의 자유를 인정하지 않는 것은 인류의 행복과 진보를 막는 불행한 일이라는 것이 《자유론》의 핵심이라고 하겠다.

4. 《자유론》의 현대적 의의

역사적으로 자유는 미국 독립 혁명이나 프랑스 대혁명 등 근대 시민 혁명을 일으킨 원동력이었고, 오늘날 자유 민주주의를 떠받드는 귀중한 이념적 요소이기도 하다. 물론 자유가 혁명이나 제도의 한 요소로 부각되기 전에도 인간의 자유를 향한 투쟁은 길고 오랜 역사를 지니고 있다. 많은 시대와 사회 속에서 사람들은 자유를 찾아 신분적 예속과 봉건적 속박에서 벗어나고자 노력했다.

하지만 인간에게 자유가 과연 무엇을 의미하는지는 시대와 사회를 달리하면서 변화되었다. 그 대표적인 자유의 유형에 대한 구분으로 이사야 벌린(Isaiah Berlin, 1909~1997)의 소극적 자유와 적극적 자유 개념이 있다. 근대 야경국가나 애덤 스미스의 지지를 받던 고전적 자본주의에서는 국가의 간섭이나 억압에서 벗어나려는 국가 권력으로부터의 자유, 즉 소극적 자유를 진정한 자유의 의미로 파악했다. 하지만 현대 복지 국가에 접어들면서 국가에 의해 나의 자유가 보다 확실하게 보장받기를 요구하는 국가에 의한 자유, 즉 적극적 자유로 그 방점을 달리하게 되었다.

사실 오늘날은 밀이 살았던 사회보다 더 많은 자유를 누리고 있고, 각자의 개성을 추구하는 것이 인정되고 허용되고 있다. 즉 역사상 그 어느 때보다 인간의 자유를 보장하고 각 개인의 개성을 강조하는 사회라고 할 수 있다. 그리고 이러한 자유의 실현과 개성의 발휘를 통해 우리 인간은 정신적 행복을 느낄 수 있고, 인류의 복지 증진에 기여할 수도 있다.

그런데 우리 사회를 가만히 들여다보면 우리가 진정 자신의 개성을 발휘하면서 자유롭게 사는지 의문이 들지 않을 수 없다. 시대의 흐름에 순응하면서 획일적으로 살아가는 사람들 또한 너무나 많이 쉽게 볼 수 있기 때문이다. 사회에서 힘이나 권력을 쥔 사람들은 자신의 생각을 상대에게 강요하느라 여념이 없고, 다수의 주장에 맞지 않는다는 이유로 소수 의견은 무시당하기 일쑤며, 소수 의견을 밝히려는 사람들은 중세의 마녀처럼 취급당하는 것이 현실이다.

그렇다면 밀이 생존했던 시대보다 개인의 자유가 더 일반화되고 어찌 보면 자유방임이라 할 상황인데도 왜 우리는 아직도 자유 문제를 다시 생각하지 않을 수 없는가? 지나친 개인주의와 자유주의에서 빚어지는 문제점을 극복하기 위해 다시금 공동체주의를 부활해야 한다거나, 개인의 희생과 헌신을 미화함으로써 공동체의 이상 실현을 위한 삶을 추구해야 한다고 주장하는 것은 시대착오적인 발상이라고 비난받을지도 모른다. 하지만 여전히 자유 문제를 화두로 삼을 수밖에 없는 건 다음과 같은 이유 때문일 것이다.

밀이 생존했던 당시보다 오늘날의 우리 시대가 더 나은 민주주의 제도를 갖추고 있지만, 민주주의는 이제 더 이상 우리가 가꾸고 만들어 가야 하는 제도라기보다 식상하고 진부한 것이 되어 버린 지 오래다. 민주주의의 꽃이라고 불리는 선거도 그 의의가 상당히 축소되어 사람들은 그에 대해 점점 더 무관심해지고 있다. 심지어는 개인의 자율성과 창의성을 중시하는 듯이 보이지만 대중 매체의 출현과 여론 조작을 통한 획일화가 오히려 더 가속화되고 있다. 이러한 상황에서 익명의 사람에 의해 어떤 의견에 쉽게 동화되고 이것이 전파되는 정보 통신 시대는 벤담이 제안하고 푸코(Michel Foucault, 1926~1984)가 말했던 "진행되는 모든 것을 한눈에 파악할 수 있는 거대한 감옥", 즉 대중 감시가 일상화될 수 있는 판옵티콘(Panopticon)의 재현이나 조지 오웰의 《1984》에 등장하는 무소불위의 지배자 빅 브라더(Big Brother)의 출현을 우려할 정도로 문제점이 드러나고 있다.

아무도 우리 시대가 다양성을 인정하지 않는다고 말하지 않는다. 아무도 개인의 개성이 중요하지 않다고 말하지 않는다. 하지만 실제로도 그렇게 생각하고 있을까? 사회의 지배적인 견해에서 벗어나는 개인을 별난 사람으로 취급하지는 않는가. 우리는 지적으로는 집단주의와 획일주의를 구시대의 유물로 치부하고 이를 버려야 할 것이라고 주장하면서도, 실제 삶에서는 집단 속에 속하지 않거나 획일화되지 않으면 스스로 불안해 하지는 않는가. 또 자신과 생각이 다른 사람들을 이단시하지는 않는가.

바로 여기에 밀이 말한 "자유란 남에게 피해를 주지 않는 한도 내에서 자신이 원하는 자신의 선호를 택할 수 있는 것"이라는 주장이 유의미하게 받아들여지는 까닭이 있다. 밀이 《자유론》에서 강조하고 또 역설한 것은 사람들의 서로 다른 다양성과 개성에 대한 상호 인정 및 그 자유의 보장, 그리고 여론이든 국가 권력이든 다수의 횡포가 가져올 수 있는 자유의 침해에 대한 우려였다. 우리가 살아가는 현대 사회에는 다양한 생각과 신념들이 공존하고 있고, 과거 밀의 시대에 비해 논쟁거리가 더 많다. 그럼에도 권력이나 여론을 장악한 사람들, 그리고 그것을 자신의 의견이라고 믿는 다수는 자신과 다른 의견에 대해 무차별한 공격과 모독을 일삼고 있다. 19세기를 살았던 밀이 보면 21세기의 이런 모습은 인류의 진보가 아니라 퇴보라고 했을지도 모를 상황이다.

《자유론》에서 말하고자 했던 사상이나 토론의 자유에 대한 해답은 지금 우리가 안고 있는 이러한 문제를 해결하는 데 중요한 시사점을 준다. 서로 다른 견해가 대립되는 문제가 있더라도 의견의 일치만을 고집하지 않으며, 나의 주장을 강요하는 것이 아니라 오히려 반대편의 의견을 경청해서 나를 보완하려 한다면, 아마도 우리가 겪는 획일화나 갈등 문제가 상당 부분 해소될 것이라고 생각된다.

각종 토론에 나온 사람들은 밀의 주장에 더욱더 고개를 숙여야 할지도 모른다. 토론하는 과정에서 나의 주장이 지닌 모순점을 발견했거나 내 주장의 근거가 타당하지 않거나 미흡할 때는 상대의 반론을 인정하는 열린 자세를 갖지 않는 한, 토론은 결국 다람쥐 쳇바퀴처럼 헛돌 것이다. 자기주장의 논거를 면밀하게 살펴보고 반대 의견에 대한 반론까지도 충분하게 생각하지 못한다면 토론은 심도 있게 진행되지 못할 것이다. 나아가 다른 의견의 좋은 점을 과감하게 받아들이고 스스로의 의견을 더 나은 방향으로 발전시킬 수 있는 용기를 갖지 않는다면, 우리 사회의 보다 성숙한 발전, 그리고 사회와 개인의 자유에 관한 문제는 여전히 숙제로 남을 것이다.

다수 여론의 힘이 점점 강화되고, 개인의 자율성과 독창성이 침해될 가능성이 더욱 증대되는 현대의 대중 사회에서, 인간의 진정한 자유를 고민한 《자유론》은 그래서 더욱 호소력이 있다. 마지막으로 자유란 스스로가 노력해서 얻는 것이며, 자기 스스로 포기한 사람에게는 절대로 주어지는 것이 아니라는 경구를 강조하고 싶다.

존 스튜어트 밀 연보

1806년	5. 20. 영국 런던의 펜턴빌(Pentonville)에서 철학자이며 역사학자인 제임스 밀(James Mill)의 큰아들로 태어남
1813년	공리주의자 제레미 벤담(Jeremy Bentham)의 옆집으로 이사
1818년	아리스토텔레스의 《논리학》을 읽음
1819년	동인도 회사에 입사한 다음 데이비드 리카도(David Rcardo)의 《정치 경제학과 과세의 원리》 등 경제학에 관한 공부를 함
1821년	프랑스에 잠시 체류, 벤담의 《입법론》을 읽고 그의 열렬한 지지자가 됨
1834년	플라톤의 《대화편》을 발췌해서 번역
1835년	윌리엄 몰즈워스의 자본으로 《런던 리뷰》를 창간하고 주필로 활동함

1836년	《웨스트민스터 리뷰》와 통합해 《런던 앤드 웨스트민스터 리뷰》가 됨. 아버지 사망
1848년	《논리학 체계》 출판
1848년	《정치경제학 원리》 출판
1854년	어머니 사망
1856년	동인도 회사의 통신 심사 부장으로 승진
1857년	인도의 세포이 반란으로 동인도 회사의 존폐가 문제됨
1858년	동인도 회사가 망하자 퇴직한 뒤 학문 연구에 전념
1859년	《자유론》,《의회 개혁에 관한 고찰》 등 출판
1861년	《여성의 종속》 집필,《대의 정부에 대한 고찰》 출판
1865년	총선거에서 웨스트민스터 하원 의원에 당선
1873년	5. 8. 프랑스 아비뇽에서 사망